INTRODUCTION AU RÉTABLISSEMENT

ANIMATION EFFICACE DE GROUPES EN DÉBUT DE RÉTABLISSEMENT

GUIDE DE L'ANIMATEUR

CONCEPTION DE

Michael Dean   avec   Phil Lange
Centre de gestion du sevrage 501   Centre d'évaluation sociale et de recherche
                                              Centre de toxicomanie et de santé mentale

Centre
for Addiction and
Mental Health
Centre de
toxicomanie et
de santé mentale

Fondation de la   Institut   Institut   Centre de
recherche sur   psychiatrique   Donwood   santé mentale
la toxicomanie   Clarke   de la rue Queen

INTRODUCTION AU RÉTABLISSEMENT

ANIMATION EFFICACE DE GROUPES EN DÉBUT DE RÉTABLISSEMENT GUIDE DE L'ANIMATEUR

Pour obtenir plus d'information sur les produits du Centre de toxicomanie et de santé mentale ou pour passer une commande, veuillez communiquer avec :

Service de marketing et des ventes
Centre de toxicomanie et de santé mentale
33, rue Russell
Toronto, (Ontario)
Canada M5S 2S1
Tél. : 1-800-661-1111 ou (416) 595-6059 à partir de Toronto
Courriel : mktg@arf.org

#2173 / 03-99 / 50   P568

Remerciements

Nous avons l'immense plaisir d'exprimer notre gratitude au personnel du Centre de gestion du sevrage du 501, rue Queen — qui fait partie du Centre de toxicomanie et de santé mentale —pour son excellent travail. Tout au long de l'élaboration des modules inclus dans cet ouvrage, les membres de l'équipe — Sam Apostolou, Crystal Bell, Bill Carr, Wayne Charles, Paul Horrigan, Dolly Juanero, Stephen Layne, Nora Macdonald, Richard Mariapen, Patty Negashar, Ed Shinniman, Lori Slaunwhite, Tom Vosylius et Christine Werbski — ont fait preuve de patience, d'enthousiasme et d'un esprit constructif. Sans eux, nous n'aurions jamais su si les concepts et les modules fonctionnaient. Les connaissances de Jack Johnson de Sault Ste.Marie nous ont été d'un grand secours ainsi que ses paroles d'encouragement et la confiance qu'il nous a témoignée. Nous tenons également à remercier Trish Dekker du CTSM de l'aide précieuse qu'elle a apportée à l'élaboration du module sur la nutrition.

Nous remercions également les membres du personnel du CTSM que voici de nous avoir aidés à préparer ce guide pour sa publication : Nancy Leung, Myles Magner, Rhonda Mauricette et Patricia Drapeau.

Nous dédions ce guide aux clients du 501 de la rue Queen et à tous les groupes en début de rétablissement. Il est vrai que chacune de ces personnes a un défi de taille à relever mais, après avoir travaillé avec un grand nombre d'entre eux pendant l'élaboration de ces modules, nous pouvons affirmer qu'elles ont certes le courage et les connaissances qu'il faut pour réussir dans leur démarche.

Michael Dean, ICADC
Chef de service, Centre de gestion du sevrage du 501, rue Queen
Centre de toxicomanie et de santé mentale

Phil Lange, MA
Adjoint de recherche
Centre de toxicomanie et de santé mentale

PRÉFACE

En novembre 1991, le personnel du Centre de désintoxication de la Fondation de la recherche sur la toxicomanie* (également connu sous le nom de 501) a commencé à animer des groupes de discussion informels avec les clients qui avaient la capacité physique d'y participer. Plusieurs facteurs nous ont fait voir clairement la nécessité de créer de tels groupes. Premièrement, le personnel responsable de la désintoxication a remarqué que, lorsque les clients avaient traversé le pire de leur sevrage, ils se retrouvaient très souvent anxieux et s'ennuyaient. À cette étape-là, ils se trouvaient entre deux mondes : ils n'avaient plus besoin de surveillance constante pour leur sevrage, mais, en même temps, ils n'étaient pas préparés émotivement à recevoir leur congé. Avec trop de temps libre et trop peu de structure, ils avaient souvent entre eux des conversations qui glorifiaient leur usage de drogues. Ces «histoires de guerre» empêchaient les clients de reconnaître qu'il leur était à la fois nécessaire et possible d'apporter des changements positifs à leur mode de vie. Les membres du personnel ont cru que, s'il était possible de transformer les temps libres et les conversations négatives en possibilités d'apprentissage positives qui favorisent un nouveau mode de vie, les clients considéreraient alors leur séjour en désintoxication comme une expérience des plus valables.

Par ailleurs, le document récemment publié *Report on the Operational Review of Ontario Detoxification Program* recommandait que les centres de désintoxication jouent un rôle plus actif dans la planification du congé. Nous avons perçu cette recommandation comme une invitation à créer une méthode systématique à la planification du congé qui incluait un volet d'éducation des clients. Notre méthode visait à répondre à deux besoins : la nécessité d'avoir des conversations positives, d'une part, et le besoin des clients d'obtenir de l'information générale pour les aider à prendre des décisions éclairées au sujet de leur mode de vie, d'autre part. Notre but était de mettre au point une série de rencontres de groupes psychoéducatifs qui seraient animées par un membre du personnel. Cette approche s'est avérée un outil efficace et économique dans la promotion du rétablissement et de la planification du congé.

L'expérience des autres programmes de désintoxication partout dans la province nous a été d'un grand secours. Ces centres animaient des groupes « pré-traitement » qui préparaient les clients au traitement de post-désintoxication. À part montrer des vidéos et discuter de leur contenu, ces groupes étaient toutefois très peu structurés. De plus, une étude documentaire sommaire a démontré qu'il n'existait aucun écrit sur les points à discuter dans les centres de désintoxication, ni sur la façon de présenter l'information aux clients. Les données non scientifiques ont fait ressortir qu'avant de passer à un traitement intensif, les participants à des groupes de discussion dans un centre de désintoxication n'avaient pas besoin d'autant d'orientation sur l'aspect de groupe du traitement. En retour, cette constatation a permis aux clients de consacrer plus de temps aux questions portant sur le traitement comme tel. Armés de notre expérience et de celle d'autres centres, nous avons donc commencé à animer un ensemble de séances que nous avons nommées *Introduction au rétablissement*. Ce nom que porte chaque séance témoigne du fait que nous voulions amener les gens à réfléchir à leur rétablissement et à la possibilité de changer leur mode de vie.

Les années que nous avons consacrées à l'élaboration de cette série de séances ont été très fructueuses : nos clients nous ont dit très souvent que les séances ont joué un rôle marquant dans leur séjour en désintoxication et dans la planification de leur congé. Au cours de ces années, nous avons visionné de nombreux vidéos, formé du personnel à l'animation de groupe et transformé un local libre en salle de réunion pour les séances. Nous avons même essayé de faire du psychodrame pendant les séances. Notre expérience nous a convaincus que ce projet nécessitait une approche plus formelle pour pouvoir passer à la prochaine étape. En avril 1997, nous avons obtenu l'aide d'un chercheur pour élaborer dix modules éducatifs pour des groupes. Nous espérons que le personnel responsable de la désintoxication et les autres professionnels qui travaillent avec des gens en début de rétablissement trouveront ces modules aussi utiles pour leurs clients qu'ils l'ont été pour les nôtres au 501.

* La Fondation de la recherche sur la toxicomanie est aujourd'hui une division du Centre de toxicomanie et de santé mentale.

Remarque : Pour faciliter la lecture de ce document, le masculin est pris dans sa forme générale et englobe le féminin.

Table des matières

INTRODUCTION
AU RÉTABLISSEMENT

Introduction

INTRODUCTION

À quoi ce guide sert-il?

Le programme *Introduction au rétablissement* a pour but de permettre la tenue d'un échange d'information qui aidera les clients tout d'abord à apporter des changements éclairés à leur mode de vie, et ensuite à se familiariser avec le concept de «groupe» en vue d'un traitement continu. L'ouvrage *Introduction au rétablissement : Animer efficacement des groupes en début de rétablissement – Guide de l'animateur* est conçu pour aider le personnel à animer des groupes en début de rétablissement dans des centres de gestion du sevrage et d'autres types d'établissements. Les séances de groupe ont pour but de donner aux clients le plus d'information possible dans un court laps de temps. Si la théorie de la «conjoncture favorable» est bien vraie, il se pourrait qu'en disséminant le plus d'information possible aux clients, nous semions chez eux le désir d'un rétablissement complet.

Quelle information donne-t-on dans les séances de groupe?

Ces modules portent sur toute une variété de thèmes et de questions que les clients et le personnel responsable de la désintoxication ont trouvé à la fois utiles et pertinents. Les dix modules portent donc sur les thèmes suivants :
- L'aspect physiologique de la toxicomanie — «Qu'est-ce qui arrive à mon corps maintenant que je ne prends pas de drogues/d'alcool?»
- Réussites individuelles inspirantes — «Comment d'autres personnes sont-elles venues à bout du problème?»
- Soutien communautaire — «De quoi ai-je besoin pour mon rétablissement?» et «Comment puis-je rester rangé du côté des gagnants?»
- Plans d'action — «À qui dois-je parler et qu'est-ce que je fais maintenant?»
- Questions générales de santé — «Qu'est-ce que le VIH, quels sont ses risques et que signifient les changements de mode de vie?»

- Déni — «Je ne suis pas certain d'être aussi pire que d'autres» ou «Suis-je différent des autres?»
- Pré-traitement — «Je n'aime pas les séances de groupe mais en même temps, je sais qu'elles font partie du traitement»

Qui peut profiter de l'expérience de groupe au début du rétablissement?

Bien que ce guide ait été conçu pour les centres de gestion du sevrage, l'information qu'il renferme peut servir à tous les groupes en début de rétablissement. Par exemple, les séances peuvent accueillir :
- les clients de centres, avec hébergement ou non, qui attendent de commencer un traitement formel
- les clients qui n'ont pas nécessairement besoin d'un traitement formel, mais à qui l'information pertinente sera utile
- les clients qui ont déjà suivi un traitement et qui sont présentement en réinsertion sociale
- les clients qui suivent présentement un traitement et qui pourraient bénéficier de tout ce matériel éducatif.

Les séances ont le plus de succès auprès des clients qui ont la capacité physique, émotive et cognitive d'y participer. Ces clients ne ressentent pas les symptômes du sevrage qui pourraient les déranger. Les séances ne conviennent pas aux groupes suivants :
- Les clients en détresse
- Les clients qui ont besoin de plus d'attention et de plus d'efforts que d'habitude
- Les clients qui ont un trouble de santé mentale concomittant qui doit d'abord être stabilisé à l'aide de médicaments.

Si certains clients sont incapables de participer aux séances de groupe, il est important de leur expliquer pourquoi et de discuter avec eux plutôt que de simplement les exclure du programme.

Qui devrait animer les groupes?
Quelles qualifications un animateur de groupe doit-il posséder?

Pour assurer la participation des clients et le succès du groupe, il faut un animateur engageant. Notre expérience nous a démontré que les animateurs qui avaient le plus de succès auprès de leur groupe utilisaient les techniques de base de l'animation, de bons outils visuels et de bonnes techniques de participation. Ce guide est conçu pour le personnel qui possède déjà une certaine expérience auprès de clients qui en sont aux premières étapes du rétablissement.

Les groupes suivants ont trouvé ce guide utile, bien que cette liste ne soit pas exhaustive :
- Les personnes qui ont suivi un programme de counseling en services humains dans un collège communautaire
- Le personnel qui possède une formation de base dans la théorie des groupes ou l'animation de groupe
- Les personnes qui ont travaillé dans un centre d'hébergement et qui savent incorporer dans l'expérience du groupe de l'information sur chacun des participants (recueillis depuis le début de leur séjour jusqu'à maintenant).

Il est préférable que le personnel nouveau ou sans expérience commence par co-animer un groupe à quelques reprises avant d'assumer à lui seul l'animation complète d'un groupe en début de rétablissement. L'idée est d'intégrer dans l'expérience du groupe ce que l'on sait de chaque client. Par exemple, il est important de savoir à qui s'adresser en premier pour favoriser la participation de cette personne à la discussion; il est également important de reconnaître clairement quels membres du groupe sont appréhensifs.

La crédibilité de l'animateur détermine souvent le degré de réceptivité des clients. D'après notre expérience, les clients apprécient et aiment les animateurs :
- qui sont attentifs, dignes de confiance et non intimidants
- qui ne sont pas trop stricts en ce qui concerne les règles
- qui savent répondre aux besoins souvent immédiats des clients en leur donnant de l'information utile, en les soutenant et en les rassurant

- qui comprennent bien le contenu du programme et qui savent reconnaître ce qui est important et ce qui ne l'est pas. En général, les clients n'aiment pas beaucoup les animateurs dont les connaissances sur l'usage prolongé et dangereux de drogues proviennent uniquement de cours qu'ils ont suivis et de lectures qu'ils ont faites.
- qui sont eux-mêmes en rétablissement et qui parlent franchement de ce qui les a aidés ou de ce qui leur a nui dans leur rétablissement
- qui sont capables d'adapter le contenu pour répondre aux besoins et aux intérêts uniques du groupe (en mettant le texte dans leurs propres mots, en inventant leurs propres exemples)
- qui savent bien utiliser les transparents en les montrant au bon moment, et qui sont capables de susciter la discussion parmi les membres du groupe. Les animateurs moins compétents se contentent de présenter les transparents sans faire d'introduction et s'attendent simplement à ce que les transparents disent tout. Les animateurs compétents montrent seulement une partie d'un transparent pour tenir les participants intéressés et attentifs.
- qui restent centrés sur le thème du module et tiennent la discussion sur le sujet avec structure, contrôle et direction. Un bon animateur doit également savoir mettre de côté ses propres préoccupations et présenter le matériel du module.

Les présentateurs désireux d'être encore plus efficaces suivront ces conseils :
- prenez plaisir à apprendre à mieux animer des groupes
- évitez d'être trop radical et de percevoir les autres animateurs comme étant meilleurs que vous. Reconnaissez plutôt vos propres compétences et, graduellement, améliorez chacune d'elles
- sachez quelles sont vos qualités d'animateur et les qualités de participants de vos clients - animateurs et clients ne rivalisent pas pour contrôler le groupe
- soyez fier de présenter les modules avec succès — et d'aider vos clients!

Ces modules peuvent permettre aussi bien au personnel qu'aux clients d'avancer dans leur cheminement personnel et de renforcer leur estime de soi.

L'utilisation du guide

Son contenu

Ce guide renferme 10 modules psychoéducatifs d'une durée d'environ 90 minutes chacun. Ces modules touchent à toute une variété de questions qui revêtent de l'importance pour les personnes qui sont au premier stade du rétablissement. Chaque module renferme les éléments suivants :

• de l'information de base pour l'animateur, y compris une liste de contrôle, des objectifs de présentation et la liste du matériel audiovisuel requis

• les considérations spéciales dont il faut tenir compte pour aborder chaque sujet

• une liste des normes de groupe

• un scénario de présentation

• des feuilles de travail que l'on peut photocopier et utiliser pour favoriser la participation des clients

• des transparents.

Ce guide renferme également la description détaillée de vidéos qui peuvent être visionnés pour compléter les présentations, ainsi que des formulaires d'évaluation des participants qui donnent aux animateurs la possiblité de recueillir des commentaires très valables sur leur présentation. Ces commentaires peuvent d'ailleurs leur servir à modifier leur façon de procéder afin de mieux répondre aux besoins des clients et de faire de meilleures présentations.

Organisation des modules

Les modules forment un cycle de 10 séances dont les thèmes suivent un ordre naturel. En même temps, les modules sont indépendants les uns des autres, de sorte que vous pouvez choisir le thème que votre groupe désire aborder ou dont il a besoin de discuter. Selon les clients et l'organisme, certains participeront seulement à un module ou à quelques modules, tandis que d'autres participeront aux dix modules. Par exemple, si le groupe se compose surtout de nouveaux clients, il vaut peut-être mieux commencer par le module sur les soins continus, même si ce module a été présenté quelques jours plus tôt à un autre

groupe. Si vous travaillez dans un organisme qui n'offre pas d'hébergement et que vous ne connaissez pas les membres du groupe avant leur arrivée, évaluez rapidement les besoins du groupe, puis choisissez le module qui leur conviendra le mieux. La prochaine section de ce guide renferme un résumé des modules.

Dans certains cas, il est bon d'élaborer un module qui s'adresse à une population spécifique (p. ex. un module sur les questions féminines conviendrait très bien à un groupe de femmes). Dans ce cas, le nouveau module devrait suivre la même présentation que les modules de ce guide afin d'éviter la confusion.

Normes de groupe

En général, lorsque les clients en début de rétablissement reconnaissent qu'ils ont besoin d'aide pour se rétablir, ils apprécient une approche plutôt structurée au traitement. Les normes de groupe sont un moyen d'ajouter une forme de structure aux séances. Au début de chaque séance, les normes de groupe rappellent aux participants quelles sont les règles de base à suivre et comment faire preuve de courtoisie. Lorsque vous décidez de la marche à suivre, vous devez tenir compte de deux grands facteurs : le but du programme et le niveau de participation attendu des membres du groupe. Il est également important que les séances se tiennent toujours à la même heure et au même endroit. Informez les autres membres du personnel du fait que les séances de groupe sont prioritaires. Incitez les clients à fixer leurs rendez-vous en dehors des heures des séances de groupe.

Au début de chaque séance, présentez l'objectif premier du programme dans son ensemble ainsi que le but spécifique de la séance du jour. Cela aidera les nouveaux membres du groupe à mieux se situer.

Transparents/Feuilles de travail

Pour maximiser la participation du groupe, nous avons examiné différentes façons d'«accrocher» les clients.

L'utilisation de transparents et d'un tableau blanc est souvent la meilleure façon de présenter l'information. Non seulement les clients ont-ils un soutien visuel, mais encore sont-ils encouragés à participer davantage et à suggérer des idées. Bien que les vidéos incitent également à la discussion, ils donnent parfois l'occasion aux participants de sommeiller quand on met la pièce dans l'obscurité. Ou encore, si les clients ont déjà vu un vidéo, ils pourraient refuser de participer sous prétexte qu'ils l'ont déjà vu.

Vidéos

L'annexe A renferme une liste de vidéos que nous avons visonnés et qui, à notre avis, conviennent bien aux clients en début de rétablissement. Nous avons omis d'ajouter certains vidéos à la liste soit parce qu'ils sont trop longs, soit parce qu'ils portent sur un sujet trop restreint.

Dans certains cas, nous avons trouvé que les vidéos déclenchaient des réactions spécifiques chez les clients, c'est-à-dire qu'ils agissaient comme stimuli de comportements négatifs associés à la toxicomanie. Par exemple, un vidéo éducatif sur le VIH montrant la façon correcte et sécuritaire d'utiliser une seringue a déclenché des réactions chez les usagers de drogues intraveineuses. Il est toutefois impossible d'éliminer tous les déclencheurs et, de toute façon, il est préférable que les clients soient exposés à certains déclencheurs dans un milieu où ils ont du soutien — comme un groupe d'introduction au rétablissement — et où ils peuvent mettre en pratique certaines habiletés d'adaptation. Lorsque les clients reconnaissent et acceptent un soutien, les déclencheurs ne sont plus aussi menaçants.

Discussion de groupe

L'un des buts premiers des modules est de promouvoir un dialogue positif et utile entre les clients et le personnel. Pour les clients, il est très important que chaque membre du groupe participe. Le nombre de personnes qui veulent bien participer à la discussion détermine souvent l'évaluation donnée à la séance par les participants. Il n'est pas nécessaire de couvrir toute l'information contenue dans un module. Tant et aussi longtemps que le dialogue est

positif et qu'il reste sur le sujet, profitez des échanges plus spontanés. Il arrive parfois qu'à lui seul, le sujet suffise pour déclencher une discussion productive.

Par contre, si rien ne déclenche l'interaction, la discussion peut prendre un ton négatif et les membres peuvent se trouver des raisons de ne pas apporter de changements positifs à leur mode de vie. Si la discussion n'est pas centrée sur le sujet, la négativité au sein du groupe risque de vous prendre par surprise. Seuls les animateurs chevronnés sortiront indemnes de telles séances.

Participation des clients

Faites participer les clients à tous les aspects de la séance. Par exemple, si vous leur demandez d'aider à installer le rétroprojecteur, l'information présentée aura encore plus de validité. De plus, les formulaires d'évaluation des participants donnent aux clients la chance de donner leurs commentaires sur le contenu des présentations. Enfin, la taille du groupe détermine dans une large mesure le degré de participation des clients.

Le moment, le lieu et la fréquence des séances de groupe

Si les séances de groupe ont lieu dans la pièce où les clients regardent la télévision, jouent aux cartes et prennent leurs repas, les séances auront moins d'impact. Autant que possible, choisissez une pièce confortable, éloignée des endroits plus occupés.

Prévoyez au moins 90 minutes pour chaque séance. Vous aurez ainsi un peu de temps pour discuter avec les clients de leur séjour avant de commencer.

À quoi peut-on s'attendre du groupe?

La dynamique des groupes en début de rétablissement varie. Dans les périodes de forte rotation des clients, la dynamique de groupe peut changer tous les jours. Par exemple, les clients peuvent refuser de participer à la discussion si de nouvelles personnes se joignent au groupe. Ou encore, lorsque les mêmes clients se rencontrent tous les jours, une autre dynamique de groupe s'installe.

Le personnel et les administrateurs doivent faire face à des difficultés particulières lorsque des clients très négatifs recrutent d'autres clients pour se plaindre et même pour confronter le personnel. Par contre, les clients et le personnel éprouvent une joie profonde lorsqu'un groupe arrive à établir de bons rapports, que les membres règlent de plus en plus leurs problèmes et qu'ils se sentent tout simplement liés plus étroitement les uns aux autres. Il arrive même qu'ils organisent entre eux des réunions impromptues pour discuter plus amplement de leur rétablissement.

Quelles sont les attentes des clients?

Dans certains groupes, les clients ont toutes sortes de raisons d'être là : certains ont la conviction absolue qu'ils parviendront à la sobriété, tandis que d'autres sont là de toute évidence pour avoir un logement, de la nourriture et des soins de santé, et d'autres encore disent clairement qu'ils ne veulent même pas essayer d'arrêter de boire ou de se droguer. Beaucoup s'intéressent seulement à l'information sur l'alcool ou sur leur drogue préférée. Par exemple, il arrive qu'un buveur estime qu'il perd son temps parce que la discussion ne porte pas sur l'alcool. Il peut même aller jusqu'à dire qu'il ne veut pas entendre parler des drogues.

D'autres clients demandent parfois de l'information plus détaillée, notamment sur l'effet de leur drogue préférée sur l'organisme, les maladies auxquelles ils sont exposés, les aliments à manger et à éviter pendant le rétablissement et les groupes qui peuvent les aider à se rétablir. Beaucoup de clients acceptent que, pour se rétablir, il leur faut comprendre les éléments essentiels qui manquent à leur personne ou à leur développement émotif. Ces clients sont souvent les participants les plus enthousiastes parce qu'ils savent qu'ils vont apprendre quelque chose.

Les clients des centres de gestion du sevrage dépendent parfois des séances de groupe pour obtenir de l'information et pour échanger des idées et des projets. Pour les clients qui ont hâte aux séances de groupe, il peut être très mauvais d'annuler des séances. Même s'il n'y a qu'un participant, la séance doit avoir lieu.

Comment vous et vos clients pouvez tirer le maximum de ce guide

Vous devez adapter chaque module à votre organisme et également aux besoins uniques de vos clients. Par exemple, le module intitulé « Le sevrage et la prochaine étape » — utilisable par la plupart des centres de gestion du sevrage — inclut de l'information détaillée sur la marche à suivre qu'il vous faudra adapter ou remplacer selon le fonctionnement de votre programme ou organisme. Si les clients ont récemment terminé un traitement et sont actuellement en période de réinsertion dans la collectivité, la question de la préparation au traitement, qui revient dans quelques-uns des modules, devra être modifiée. Le principe général est le suivant : tirez de ce guide ce dont vous avez besoin et servez-vous en comme point de départ, en fonction de votre propre expertise.

Plus vous animerez de groupes en début de rétablissement et recevrez les commentaires des participants, plus vous verrez d'autres points à traiter et développerez des idées qui pourraient très bien servir à d'autres centres de gestion du sevrage et à d'autres groupes en début de rétablissement. Cette information nous serait d'ailleurs très utile et pourrait déboucher sur l'élaboration de modules supplémentaires que nous pourrions ajouter plus tard. Nous vous invitons donc à nous faire part de vos commentaires et vous demandons, pour cela, de remplir le questionnaire inclus dans la section d'évaluation de ce guide (voir l'annexe B).

Aperçu des modules

Voici un court résumé des dix modules de ce guide :

Le sevrage et la prochaine étape — Ce module renferme de l'information pratique sur le sevrage et touche de près la situation actuelle des participants. Les clients apprennent en quoi consiste leur désintoxication et les effets du sevrage ainsi que les services offerts par les centres de gestion du sevrage. Les objectifs du module sont les suivants :

1. enseigner les processus biologiques de base du sevrage
2. établir un lien entre les activités de désintoxication et l'information reconnue sur la gestion du sevrage
3. montrer à chaque client la suite logique qui existe entre son admission au centre jusqu'à son congé

Les groupes — Ce module favorise la discussion et donne aux participants l'occasion de mieux se connaître eux-mêmes. Voici les objectifs du module :

1. expliquer les raisons d'être des séances de groupe pour les clients en rétablissement
2. favoriser la participation des clients
3. encourager les clients à parler des expériences positives qu'ils retirent de ce groupe-ci et d'autres groupes, et les soutenir dans leurs efforts.

Le début du rétablissement — Ce module explique aux participants ce qui est important pour leur rétablissement futur. Voici les objectifs du module :

1. expliquer ce qui a marché pour d'autres au début du rétablissement
2. encourager les clients à se préparer au rétablissement
3. les encourager à échanger des idées sur le début du rétablissement
4. comprendre les étapes du rétablissement.

Les 12 étapes — Ce module est conçu pour présenter clairement la méthode des 12 étapes et faire voir son utilité dans le rétablissement. Les objectifs du module :

1. expliquer ce que sont les 12 étapes
2. promouvoir les 12 étapes comme une solution viable pour certains clients
3. encourager l'échange d'idées en se basant sur les 12 étapes.

Le mieux-être — Ce module explique aux clients comment accroître leur propre mieux-être. Les objectifs du module :

1. encourager les clients à rechercher les sentiments agréables inhérents au mieux-être
2. enseigner les principes du mieux-être, surtout les aspects qui affectent les toxicomanes
3. transmettre de l'information nouvelle et intéressante sur le mieux-être — de l'information que les clients ne trouveront probablement nulle part ailleurs au début de leur rétablissement.

La nutrition — Ce module présente les habitudes alimentaires qui se développent pendant le rétablissement. Les objectifs du module :

    1. entamer une discussion informelle, dans un esprit de soutien, sur les préférences alimentaires des clients, tout en les rassurant qu'ils ne seront pas réprimandés, corrigés ou humiliés

    2. présenter certains des effets nuisibles de la toxicomanie sur la santé nutritionnelle

    3. proposer aux clients des moyens de faire un meilleur choix d'aliments.

La relaxation pour le rétablissement — Ce module explique comment la relaxation peut aider les clients à réduire les formes de stress qui peuvent conduire à une rechute. Les objectifs du module :

    1. informer les clients sur le stress et les techniques de relaxation

    2. encourager les clients à comprendre comment les exercices de relaxation peuvent aider leur rétablissement

    3. encourager l'échange d'idées sur ce sujet

    4. démontrer que les audiocassettes sont de bons outils de relaxation.

La spiritualité — Ce module couvre les aspects spirituels du rétablissement. Les objectifs du module :

    1. informer les clients sur les aspects bénéfiques de la spiritualité pendant le rétablissement

    2. promouvoir la participation des clients pour les amener à penser à la spiritualité et à son rôle dans le rétablissement

    3. encourager les clients à échanger leurs expériences, leurs idées et leurs attitudes au sujet de la spiritualité

    4. comprendre les différences qui existent entre la spiritualité et la religion.

Les soins continus — Ce module présente aux clients les sources d'aide auxquelles ils peuvent avoir recours. Les objectifs du module :

    1. amener les clients à voir comment ils vont choisir les types de services dont ils auront besoin

    2. aider les clients à comprendre les critères d'admission à d'autres programmes

    3. encourager l'échange d'idées sur ce sujet.

Le déni — Ce module couvre un point très important dans le rétablissement et un facteur crucial dans la toxicomanie. Les objectifs du module :

    1. définir ce qu'est le déni

    2. encourager l'échange d'idées sur le déni et le rôle qu'il joue dans la vie des toxicomanes et dans la vie des gens qui n'ont pas de dépendance.

INTRODUCTION AU RÉTABLISSEMENT

Le sevrage et la prochaine étape

LE SEVRAGE ET LA PROCHAINE ÉTAPE

LISTE DE CONTRÔLE ET INFORMATION À L'INTENTION DE L'ANIMATEUR

Avant de commencer, vérifiez si vous avez :

• les transparents
   1. Définitions
   2. Durée approximative de la désintoxication
   3. Symptômes du sevrage
   4. Phase de l'admission - les 24 à 48 premières heures
   5. Phase de l'entretien/de la motivation
   6. Phase du congé
• une copie de la liste de contrôle du sevrage.

Matériel audiovisuel requis :

• rétroprojecteur et écran
• tableau blanc et marqueur

But du module :

Observer pourquoi et comment nous offrons des services de gestion du sevrage.

Objectifs :

1. Enseigner les processus biologiques fondamentaux du sevrage
2. Établir un lien entre les activités de désintoxication et de l'information reconnue sur la gestion du sevrage
3. Montrer à chaque client la suite logique qui existe entre son admission et son congé.

Considérations spéciales :

• Certains clients qui ont peut-être déjà participé à des programmes de désintoxication plusieurs fois sans avoir terminé le sevrage pourraient être réticents à participer.
• Certains clients voudront peut-être comparer les programmes de désintoxication. Ces comparaisons sont à éviter.
• Tout au long de la séance, il est important de mettre l'accent sur le caractère unique de l'expérience de chaque client.

REMARQUE : Le scénario du module et le matériel à couvrir pendant la séance de groupe sont écrits en caractères ordinaires. Les instructions données à l'animateur sont écrites en **caractères gras.**

Démarrage

Commencez toujours chaque séance par les points suivants :

Normes de groupe

- Il faut arriver à l'heure.
- Il est interdit de manger ou de boire pendant les séances de groupe.
- Les membres du groupe doivent s'asseoir en demi-cercle autour du tableau blanc.
- À l'exception des pauses prévues pour aller à la toilette, les personnes qui désirent quitter le groupe doivent tout d'abord demander la permission à l'animateur.
- Les commentaires donnés aux autres membres du groupe doivent porter strictement sur ce qui a été dit. Prière de ne pas donner de conseils ou de passer de jugement.
- Une seule personne à la fois peut parler.
- Avez-vous des suggestions pour la séance d'aujourd'hui?   **Demandez aux participants.**

Comment ça va aujourd'hui?   **Demandez à chaque membre du groupe.**

Avez-vous des points à soulever au sujet du centre de désintoxication?

Introduction

Le but premier du programme *Introduction au rétablissement* est de présenter et d'échanger de l'information qui vous aidera à apporter des changements éclairés à votre mode de vie et qui vous familiarisera avec la notion de groupe en vue d'un traitement continu.

La séance «Le sevrage et la prochaine étape» vous donne un aperçu de la façon dont nous avons élaboré ce programme et des raisons pour lesquelles nous croyons que la fonction du centre de désintoxication ne se limite pas simplement au sevrage de drogues.

La séance

Le sevrage entraîne certains changements dans votre corps et dans votre esprit — ces changements arrivent à tout le monde. Aujourd'hui, nous allons en examiner quelques-uns.

Ces changements signifient qu'au cours du sevrage, le programme de désintoxication doit prendre certaines mesures pour assurer votre sécurité et votre confort. Nous allons voir le rapport qui existe entre certaines de nos procédures et ce qui vous arrive pendant le sevrage.

Et qu'est-ce qui arrive après le sevrage? Que faites-vous de votre vie après cela? Nous allons parler de motivation, de ce que vous faites pendant votre séjour ici et de ce que vous ferez après votre congé.

En général, le séjour de chacun ici comporte trois phases :
• la phase de l'admission
• la phase de l'entretien/de la motivation
• la phase de l'évaluation/de la planification du congé
Nous allons discuter de ces phases plus en détail plus tard.
Mais d'abord, j'aimerais vous demander, pourquoi les gens vont-ils dans des centres de désintoxication?

Voyons maintenant ce qui arrive pendant le sevrage.

Allez au tableau blanc et écrivez certaines des réponses des clients. Voici quelques exemples de réponses possibles : être recommandé à un traitement; pour obtenir un soutien émotif; pour être dans un endroit sécuritaire; il n'y a pas d'autre place où aller; pour apprendre à gérer les rechutes; pour se «désintoxiquer».

Montrez le transparent n° 1 (Définitions) et expliquez que les transparents qui suivent présentent des généralités; l'expérience de chaque client sera probablement différente. Invitez les clients à donner leurs commentaires sur chaque transparent.

Montrez le transparent n° 2 (Durée approximative de la désintoxication). Au besoin, répétez qu'il s'agit de concepts généraux.

Montrez le transparent n° 3 (Symptômes de sevrage) et répétez encore une fois qu'il s'agit ici de symptômes courants et que tout le monde n'aura pas nécessairement tous ces symptômes.

Lorsque vous étiez à la phase de l'admission et que le personnel vous a examiné, il recherchait les symptômes dont nous venons de parler.

Montrez une liste de contrôle du sevrage. Expliquez rapidement que cette liste renferme les symptômes dont nous avons parlé et que le personnel l'utilise pour se souvenir des symptômes à relever. Invitez le groupe à donner ses commentaires.

Nous allons maintenant vous montrez des transparents qui vous expliquent comment nous prenons certaines décisions au sujet de vos soins. Les losanges représentent les décisions prises et les carrés, les mesures prises.

Montrez le transparent n° 4 (Phase de l'admission) et discutez-en.

Vous sentez-vous motivés à changer votre mode de vie?
Sinon, qu'est-ce qui vous manque?

Depuis votre arrivée au centre de désintoxication, quelqu'un ou quelque chose vous motive-t-il à changer votre mode de vie?

Le personnel vous a-t-il offert de vous aider à mettre au point un plan de congé? Combien d'entre vous avez déjà dressé un plan? Est-ce qu'une ou deux personnes peuvent nous présenter leur plan?

Savez-vous quelles sont vos responsabilités face à votre plan et ce que nous allons faire pour vous?

Récapitulation

Pour résumer la séance, nous avons discuté du sevrage et nous avons ensuite comparé certaines expériences personnelles. Nous avons expliqué comment certaines décisions sont prises au centre de désintoxication et quelles procédures sont suivies. Nous avons aussi parlé de la planification du congé. Avant de terminer, avez-vous d'autres questions?

Merci d'avoir participé à cette séance. Et n'oubliez pas : quelle que soit votre expérience au centre de désintoxication, c'est à vous de respecter vos engagements si vous voulez profiter au maximum de votre séjour ici.

Définitions

Désintoxication :

Processus selon lequel un individu se sèvre des effets de substances psychoactives (Organisation mondiale de la santé, 1994).

Sevrage :

Les résultats ou les symptômes de la désintoxication.

Gestion du sevrage (Centre de désintoxication) :

Aide donnée pendant la désintoxication et, au besoin, soutien additionnel et planification du traitement.

Durée approximative de la désintoxication

Remarques :

■ Les durées indiquées *ne représentent* pas l'ensemble du processus de la désintoxication — les symptômes peuvent s'atténuer, mais il reste encore dans votre corps une certaine quantité de drogue.

■ La durée de la désintoxication dépend de la quantité de drogue, de la durée de l'usage de drogue, du mode de vie et d'autres facteurs sociaux

alcool : 3 à 5 jours

cocaïne : 1 à 2 jours

héroïne : 5 à 7 jours

benzodiazépines : dépend de nombreuses variables.

Adapté de : U.S. Department of Health and Human Services (1995). Tip Series #19

Symptômes du sevrage

(ces symptômes ne sont pas les mêmes pour tout le monde.)

Alcool	Cocaïne	Héroïne	Benzodiazépines
anxiété	dysphorie (tristesse)	anxiété	anxiété
impatience	épuisement	agitation	tension musculaire
insomnie	sommeil	insomnie	insomnie
nausée et/ou maux de tête	faim	nausée	psychose (dérangement mental)
tremblements	état de besoin	écoulements nasaux	activité cérébrale anormale
crises	dépression	sueurs	crises
manque de concentration		chair de poule	
sensibilité aux sons		irritabilité	
désorientation		pupilles dilatées	
hallucinations		bâillements	
paranoïa		crampes	
agitation		spasmes/ douleurs	
diarrhée		diarrhée	
sueurs			

Adapté de : U.S. Department of Health and Human Services (1995). Tip Series #19

Phase de l'admission —
Les 24 à 48 premières heures

■ Vous arrivez au centre en état d'intoxication, en sevrage ou en crise.

■ Un intervenant vous évalue.

■ Vous vous mettez au lit pour vous rétablir d'une intoxication aiguë ou du sevrage.

◇ Lorsque vous n'êtes plus en état d'intoxication, vous et votre travailleur de programme déterminez si vous êtes capable de prendre une douche.

■ Vous prenez une douche et un intervenant vous aide à mettre des vêtements confortables.

■ L'intervenant vous surveille pour une période de 24 à 48 heures en cas de détresse, de vomissements et de difficultés respiratoires aigus, et pour surveiller votre niveau d'intoxication/de sevrage.

◇ Vous et votre intervenant déterminez si vous êtes prêts à passer à l'étape de l'entretien.

■ indique une mesure prise par l'intervenant ou le client
◇ indique qu'une décision a été prise par l'intervenant et le client

Phase de l'entretien/ de la motivation

◇ Vous et votre intervenant décidez si vous êtes capable de participer à un groupe d'introduction au rétablissement.

■ Vous rencontrez votre intervenant pour mettre sur pied et suivre votre plan de congé.

■ Vous participez à la préparation des repas et au nettoyage après les repas.

■ Vous allez à vos rendez-vous liés au rétablissement (p. ex. recherche de logement, entrevues de traitement).

◇ Vous et votre intervenant déterminez si vous êtes prêts à prendre votre congé du centre de désintoxication.

■ indique qu'une mesure a été prise par l'intervenant ou le client
◇ indique qu'une décision a été prise par l'intervenant et le client

Phase du congé

◇ Vous et votre intervenant déterminez si vous êtes prêt à retourner dans la collectivité.

■ Vous obtenez votre congé ou on vous place dans un établissement post-désintoxication.

■ indique qu'une mesure a été prise par l'intervenant ou le client
◇ indique qu'une décision a été prise par l'intervenant et le client

Liste de contrôle du sevrage

Nom : _____   Sexe : (encerclez) M / F   Dossier n° : _____

Si le client n'est pas intoxiqué, ce formulaire est rempli au moment de l'admission. Si le client est intoxiqué, le formulaire est rempli 4 heures après son admission, quelle que soit l'heure du jour ou de la nuit; si le client dort, il faut le réveiller. Par la suite, le formulaire doit être rempli au petit déjeuner, au souper et à l'heure de la collation tout au long du séjour du client à l'admission. Si la gravité des symptômes augmente ou ne diminue pas, il faudra peut-être recommander le client à un médecin.

Veuillez encercler *une* seule réponse pour chaque question.

DATE: _____   HEURE : _____

AGITATION
Aucun signe d'agitation 0
Agitation un peu plus grande que normalement 1
Agitation modérée, changements de positions 2
Mouvements brusques/agitation constante 3

TREMBLEMENTS Aucun tremblement 0
Les bras étendus
Invisibles, mais palpables du toucher du bout des doigts 1
Modérés, les bras étendus 2
Très grands, même si les bras ne sont pas étendus . 3

APPÉTIT :
Bon appétit 0
Appétit moyen 1
Pas beaucoup d'appétit 2
Pas d'appétit 3

CHANGEMENTS Demandez :«Avez-vous des douleurs au bas de l'abdomen?»
ABDOMINAUX : Aucune. 0
Vagues de crampes, certains bruits intestinaux . 1
Douleurs intestinales constantes, ou diarrhée, bruits d'intestins actifs 2

ORIENTATION : Connaît la date et peut faire des additions sérielles . 0
Ne peut pas faire d'addition sérielle ou n'est pas certain de la date 1
Est à côté de la date d'un ou de deux jours 2
Est à côté de la date de 3 jours ou plus 3
Ne sait pas où il est; ne reconnaît pas les gens . . 4

HALLUCINATIONS :
Aucune hallucination 0
Hallucinations auditives 1
Hallucinations visuelles 2
Hallucinations auditives et visuelles 3

ANXIÉTÉ :
A de la facilité à se détendre 0
A de la difficulté à se détendre 1
Ne se détend presque jamais. 2
Est incapable de se détendre 3

SUEUR :
Aucune sueur visible. 0
Sueur visible, paumes moites. 1
Perles de sueur sur le front 2
Sueur abondante sur le visage et la poitrine. . 3

SOMMEIL :
Dort bien. 0
Sommeil interrompu. 1
Difficulté à s'endormir 2
Insomnie. 3

TROUBLES GASTRO-INTESTINAUX :
Aucune anomalie 0
Faible nausée 1
Nausée persistante 2
Vomissements 2 ou 3 fois 3

DOULEURS MUSCULAIRES : Demandez : «Avez-vous des douleurs ou des crampes musculaires?»
Aucune 0
Faibles douleurs musculaires 1
Douleurs musculaires aiguës/contractions . . . 2

NIVEAU DE CONSCIENCE :
Tout à fait éveillé. 0
Légèrement somnolent. 1
Très somnolent. 2
Difficile à réveiller 3

HUMEUR :
Joyeuse/bonne 0
Parfois mauvaise 1
Souvent mauvaise. 2
Déprimée 3

REMARQUES :

Recommandation médicale requise? (encerclez) « OUI » / « NON »   → Si « OUI », où? _____

Date de la recommandation médicale :   Date: _____   Heure : _____

Pour quels symptômes? _____

Congé volontaire?   Date: _____   Heure : _____

DOCUMENT N° 1   WMC dec98

INTRODUCTION AU RÉTABLISSEMENT

Les groupes

LES GROUPES

LISTE DE CONTRÔLE ET INFORMATION À L'INTENTION DE L'ANIMATEUR

Avant de commencer, vérifiez si vous avez :

- les transparents
    1. Définitions du mot «groupe»
    2. Rôles au sein du groupe

Matériel audiovisuel requis :

- rétroprojecteur et écran
- tableau blanc et marqueur

But du module :

Donner un aperçu de la nature et de la fonction des séances de groupe, et déterminer les rôles et les attentes des clients.

Objectifs :

1. Expliquer dans les grandes lignes la fonction des séances de groupe pour les clients en rétablissement
2. Promouvoir la participation des clients au sein du groupe
3. Encourager les clients à échanger leurs expériences positives dans ce groupe-ci et dans d'autres groupes, et les soutenir dans leurs efforts.

Considérations spéciales :

- Il est bon de reconnaître que certains clients ont peut-être déjà eu de mauvaises expériences dans d'autres groupes. Ces expériences seront toutefois utiles à ce groupe-ci en ce sens qu'elles aideront les autres membres du groupe à éviter certaines difficultés.
- Ce module présente de l'information sur la dynamique de groupe et explique les différents rôles qui sont distribués aux participants ou assumés par eux. Il est toutefois important que ces rôles «ne collent pas» aux membres du groupe. Ce module vise plutôt à permettre aux participants de s'identifier à certains rôles.

REMARQUE : Le scénario du module et le matériel à couvrir pendant la séance de groupe sont écrits en caractères ordinaires. Les instructions données à l'animateur sont écrites en **caractères gras.**

Démarrage

Commencez toujours chaque séance par les points suivants :

Normes de groupe

- Il faut arriver à l'heure.
- Il est interdit de manger ou de boire pendant les séances de groupe.
- Les membres du groupe doivent s'asseoir en demi-cercle autour du tableau blanc.
- À l'exception des pauses prévues pour aller à la toilette, les personnes qui désirent quitter le groupe doivent tout d'abord demander la permission à l'animateur.
- Les commentaires donnés aux autres membres du groupe doivent porter strictement sur ce qui a été dit. Prière de ne pas donner de conseils ou de passer de jugement.
- Une seule personne à la fois peut parler.
- Avez-vous des suggestions pour la séance d'aujourd'hui?   **Demandez aux participants.**

Comment ça va aujourd'hui?   **Demandez à chaque membre du groupe.**

Avez-vous des points à soulever au sujet du centre de désintoxication?

Introduction

Le but premier du programme *Introduction au rétablissement* est de présenter et d'échanger de l'information qui vous aidera à apporter des changements éclairés à votre mode de vie et qui vous familiarisera avec la notion de groupe en vue d'un traitement continu.

La séance sur les groupes a pour but de discuter de la valeur des groupes pendant le rétablissement et dans la vie de tous les jours.

La séance

Aujourd'hui, nous allons discuter de cinq aspects d'un groupe :

1. ce qu'est un groupe

2. comment un groupe peut vous aider

3. comment vos expériences peuvent profiter aux autres membres
   du groupe

4. comment un groupe peut fonctionner dans la vie de tous les jours
   en dehors du traitement et du rétablissement

5. comment un groupe fonctionne pendant le traitement.

Examinons maintenant un groupe dans trois contextes :

• ici, dans cet organisme

• dans d'autres traitements

• dans la vie de tous les jours

Montrez le transparent n° 1
(Définition du mot «groupe»)

Cette définition résume bien l'importance d'un groupe. Notez qu'elle
s'applique aussi à la vie en général.

Cette définition traduit réellement le but de notre module, puisque nous
voulons discuter de la valeur d'un groupe pendant le rétablissement et
dans la vie quotidienne.

Présentement, nous sommes tous liés les uns aux autres dans ce
groupe et plus tard, chacun de nous aura d'autres liens qui les unissent
à d'autres personnes. Il semble donc que nous allons faire partie
d'un groupe tout le reste de notre vie.

Voyons maintenant ce qu'on entend par le mot «groupe» ici,
dans notre organisme.

En passant, ce genre de groupe est parfois appelé groupe de psycho-éducation. En d'autres mots, le contenu éducatif est présenté dans un contexte de soutien qui tient compte des circonstances particulières du groupe — par exemple du fait que vous êtes ici, dans notre organisme.

Bon. Où trouve-t-on des groupes ailleurs qu'ici?

Les séances de groupe comptent parmi les activités les plus courantes d'un traitement. Si vous suivez un traitement, presque chaque programme offre des séances de groupe.

Y en a-t-il parmi vous qui ont déjà participé à des séances de groupe dans le cadre d'un programme de traitement?

Pouvez-vous nous parler de votre expérience? Est-ce que les séances de groupe vous ont aidé?

Certaines séances de groupe offertes dans le cadre d'un traitement sont très efficaces. Nos clients nous le disent souvent. Nous espérons que vous trouverez un ou plusieurs groupes qui vous seront utiles.

Il n'est pas rare que les personnes pour qui le rétablissement s'échelonne sur de longues périodes discutent des expériences qu'elles ont eues au

début de leur rétablissement, que ce soit dans un groupe d'intervention
en 12 étapes ou dans le cadre d'un traitement plus formel.

Les programmes d'intervention en 12 étapes sont un type de groupe.
Y a-t-il des gens ici qui ont appris des choses utiles sur le rétablissement
dans un groupe d'intervention en 12 étapes?

Personne n'a reçu d'aide ou ne se souvient avoir reçu d'aide d'un
programme en 12 étapes? Eh bien, nous espérons que vous allez suivre
ce genre de programme parce que beaucoup de gens ont trouvé que les
12 étapes peuvent mener à un rétablissement durable.

D'ailleurs, un de nos modules s'intitule «Les 12 étapes». Certains
d'entre vous connaissez peut- être déjà ce module, et d'autres vont
probablement le connaître bientôt.

Quels sont certains des rôles que les gens assument à l'intérieur
d'un groupe?

Je pourrais sans doute commencer par expliquer ce que j'entends par le
terme «rôle». Pensons à une pièce de théâtre. On a un scénario et des
acteurs qui jouent certains rôles pour donner vie au scénario.

Le même genre de chose se produit à l'intérieur d'un groupe. Il n'y a
pas de scénario, mais très souvent, chaque personne assume un rôle
semblable dans la vie de tous les jours. Selon vous, quels sont les rôles
que l'on retrouve dans des groupes?

Ces six rôles ont été définis par un thérapeute nommé
Lawrence Shulman. Nous utilisons ces rôles dans le travail que
nous faisons ici, mais d'autres rôles sont aussi utilisés ailleurs dans
les professions d'assistance aux autres.

Est-ce que certains d'entre vous s'identifient à l'un ou à plusieurs
de ces rôles?

Est-ce que tout le monde a pu s'identifier à ces descriptions?
Sinon, pouvez-vous identifier vos amis ou les membres de votre
famille à ces définitions?

**Attendez les réponses du groupe et discutez-en.
S'il n'y a pas de réponses, incitez le groupe à
parler en disant :**

Voyez-vous pourquoi il est utile d'identifier le rôle qu'une personne joue dans un groupe? Pouvez-vous expliquer votre réponse aux autres membres du groupe?

Certaines réponses possibles :
- **Les rôles aident à comprendre ce que les gens ressentent profondément;**
- **Ils aident à nous faire voir qu'il faut rajuster la façon dont on se parle;**
- **Ils nous aident à identifier notre propre fonction et la fonction des autres dans le groupe, ce qui, en retour, nous aide à apprécier de faire partie d'un groupe.**

Pourquoi pensez-vous que les gens assument souvent ces rôles?

Optez pour les réponses qui font ressortir la notion que les gens assument souvent le rôle qu'ils jouaient lorsqu'ils étaient enfants ou le rôle qu'ils ont adopté lorsqu'ils sont devenus adultes.

Lorsque les gens adoptent ces rôles, quels effets ces rôles ont-ils sur le groupe? Voyons tout d'abord comment ces rôles peuvent aider le groupe :

Réponses acceptables :
- **Ils rendent le groupe intéressant**
- **Ils favorisent la discussion**
- **Ils aident les autres à sentir qu'ils font partie du groupe et que le groupe apprécie ce qu'ils ont à dire. L'humour donne de l'énergie à tout le monde — y compris le personnel.**

Comment ces rôles peuvent-ils nuire au groupe?

Réponses possibles :
- **Une personne ou quelques personnes peuvent finir par dominer le groupe, si bien qu'on finira par parler seulement de leur situation**
- **La discussion peut finir par se limiter exclusivement à ce que ces personnes veulent discuter**
- **Les autres peuvent se sentir exclus du groupe.**

Pour terminer, discutons des groupes qui ne traitent pas de toxicomanie. Où peut-on trouver des groupes qui ont des règles comme les nôtres, et où les gens discutent de leurs problèmes et essaient de mieux les comprendre?

Réponses possibles :
- **Au travail**
- **Dans des cours - par exemple, les cours d'éducation familiale ressemblent beaucoup aux groupes que nous avons ici, au 501**
- **Des groupes de prise de décisions au travail, dans les sports et dans les clubs philanthropiques.**

De toute évidence, les groupes sont de bons moyens d'aider les gens, quels que soient leurs besoins. Les groupes sont aussi un élément important de la vie - que vous cherchiez de l'aide ou que vous interagissiez simplement avec les autres dans votre vie de tous les jours.

Récapitulation

Qu'est-ce que vous avez découvert aujourd'hui au sujet des groupes?

Attendez les réponses des clients. Manifestez votre approbation lorsque de bonnes idées sont exprimées. Ajoutez les points suivants s'ils n'ont pas été soulevés :

Nous avons sans doute découvert qu'un groupe est un moyen :
• d'apprendre à s'entendre avec les autres
• de connaître les idées des autres sur le rétablissement
• d'apprendre ce que les autres pensent et disent de nos propres idées
• d'apprendre à respecter le point de vue des autres, même s'il ne nous semble pas correct.

Nous savons que certains ont des problèmes dans des groupes - soit ici, soit dans les groupes de traitement, soit dans les programmes d'intervention en 12 étapes, soit encore au travail ou même dans les sports.

Nous savons que les situations de groupe ne sont pas faciles pour tout le monde - parfois même pour l'animateur! Il est difficile d'écouter quand :
• on entend des choses qui nous semblent fausses
• quelqu'un semble vraiment mal comprendre un point
• quelqu'un semble mal comprendre qui nous sommes, ce que nous disons ou ce que nous essayons de faire.

Un groupe devrait toutefois être un lieu où l'on peut apprendre à se connaître soi-même en toute sécurité. Ce n'est pas toujours de tout repos, mais si on regarde en arrière et que l'on voit que l'on comprend mieux qui l'on est ou qui une autre personne est, on sait que le groupe nous a aidés.

Définition du mot «groupe»

Le dictionnaire le *Petit* Robert définit
le mot groupe comme suit :

«Ensemble de personnes réunies dans un même
lieu ou ayant des caractéristiques communes».

Source : Le *Petit* Robert (1993).

Rôles au sein du groupe

Le participant défensif

Dans une ou plusieurs des situations suivantes, ce participant dit : «Ça ne s'applique pas à moi» :
1. s'il faut admettre qu'il y a un problème
2. s'il faut accepter la responsabilité de ce qui arrive
3. s'il faut accepter l'aide ou les suggestions des autres membres du groupe.

Le participant marginal

Cette personne agit tout à fait différemment des autres membres du groupe, parfois de façon dramatique et exagérée.

L'obstructionniste

Lorsque le groupe commence à discuter d'une question difficile, ce participant fait quelque chose pour empêcher la discussion - par exemple, il change de sujet ou il dérange.

Rôles au sein du groupe (suite)

Le chef du groupe

Même si l'animateur a un ordre du jour, ce participant affirme avec fermeté ce qu'il considère important pour les autres membres du groupe et il présente ce point de vue au nom des autres.

Le bouc émissaire

Ce participant a toujours les autres membres du groupe sur le dos parce qu'il n'est pas populaire.

Le participant silencieux

Ce participant peut écouter activement mais ne prend pas part à la discussion, soit parce qu'il a peur de parler, soit parce qu'il se sent exclu.

Source : Shulman, L. (1979). *The Skills of Helping*

INTRODUCTION AU RÉTABLISSEMENT

Le début du rétablissement

LE DÉBUT DU RÉTABLISSEMENT

LISTE DE CONTRÔLE ET INFORMATION À L'INTENTION DE L'ANIMATEUR

Avant de commencer, vérifiez si vous avez :

• les transparents:
  1. Apprendre à gérer son rétablissement
  2. Volte-FACE
  3. Ce qui freine le rétablissement
  4. Le jour avant mon admission au centre de désintoxication
• la feuille de travail : Le jour avant mon admission au centre de désintoxication

Matériel audiovisuel requis :

• rétroprojecteur et écran
• tableau blanc et marqueur
• feuille de travail : Le jour avant mon admission au centre de désintoxication
  — fournir un crayon à chaque membre du groupe.

But du module :

Beaucoup de clients rechutent peu de temps après leur sortie du centre de désintoxication parce qu'ils ignorent les obstacles qu'ils rencontreront au début de leur rétablissement. Cette séance permettra aux clients d'obtenir d'importants renseignements sur leurs premiers mois de vie sans alcool ou drogues.

Objectifs :

1. Donner des renseignements généraux sur ce qui a bien marché pour d'autres
2. Encourager les clients à se préparer au rétablissement
3. Favoriser les échanges entre les participants à propos des premiers mois du rétablissement, et les soutenir dans leurs efforts
4. Comprendre les différentes phases du rétablissement.

Considérations spéciales :

• Certains clients peuvent penser que leurs problèmes sont foncièrement émotifs et montreront par conséquent une certaine résistance à l'égard du concept d'éducation. Dans ce cas, les animateurs peuvent répondre de plusieurs façons, si c'est approprié. Voici quelques suggestions : a) leur proposer de les rencontrer en privé pour discuter de leurs problèmes émotifs; b) leur demander de garder l'esprit ouvert et d'essayer de voir si certaines des idées présentées pourraient faciliter leur rétablissement; c) expliquer que des milliers de personnes se sont rétablies avec succès grâce à une approche qu'elles avaient initialement (et à tort) rejetée car elles la pensaient inutile; et d) si quelqu'un suggère que ce programme équivaut à un programme de prévention des rechutes, expliquez-lui qu'un tel programme examine ce que l'on fait dans certaines situations, en présence de signaux et d'avertissements, tandis que ce module-ci est un aperçu de ce qui se passe généralement au début du rétablissement.

REMARQUE : Le scénario du module et le matériel à couvrir pendant la séance de groupe sont écrits en caractères ordinaires. Les instructions données à l'animateur sont écrites en **caractères gras.**

Démarrage

Commencez toujours chaque séance par les points suivants :

Normes de groupe

- Il faut arriver à l'heure.
- Il est interdit de manger ou de boire pendant les séances de groupe.
- Les membres du groupe doivent s'asseoir en demi-cercle autour du tableau blanc.
- À l'exception des pauses prévues pour aller à la toilette, les personnes qui désirent quitter le groupe doivent tout d'abord demander la permission à l'animateur.
- Les commentaires donnés aux autres membres du groupe doivent porter strictement sur ce qui a été dit. Prière de ne pas donner de conseils ou de passer de jugement.
- Une seule personne à la fois peut parler.
- Avez-vous des suggestions pour la séance d'aujourd'hui?   **Demandez aux participants.**

Comment ça va aujourd'hui?   **Demandez à chaque membre du groupe.**

Avez-vous des points à soulever au sujet du centre de désintoxication?

Introduction

Le but premier du programme *Introduction au rétablissement* est de présenter et d'échanger de l'information qui vous aidera à apporter des changements éclairés à votre mode de vie et qui vous familiarisera avec la notion de groupe en vue d'un traitement continu.

Cette séance-ci, «Le début du rétablissement», porte sur la période initiale de rétablissement et vise à discuter certaines situations auxquelles vous devrez faire face pendant les premiers mois de votre rétablissement.

Nos objectifs pour aujourd'hui sont les suivants :

1. commencer à parler de nos plans personnels de rétablissement, car la discussion est une bonne façon de commencer à planifier
2. être au courant des embûches et des problèmes qui peuvent entraver le rétablissement
3. voir des exemples de personnes qui ont très bien réussi à se rétablir.

La séance

Tout d'abord, précisons ce qu'on entend par «début de rétablissement». La plupart des gens qui travaillent avec les clients en rétablissement considèrent que cette période se définit par les premiers mois du rétablissement. Cette période commence :

1. après la désintoxication en raison des changements physiques, affectifs et spirituels qui surviennent; puis

2. après avoir pris la ferme résolution de ne plus consommer d'alcool ou de drogues;

3. quand on commence à apprendre (ou à réapprendre après une rechute) à vivre au quotidien sans alcool ni drogue.

Certaines personnes estiment que le rétablissement commence dès le moment où l'on décide de changer son mode de vie. Toutefois, pour les besoins de notre discussion, nous nous en tiendrons aux trois points que nous venons de mentionner.

Quels sont vos plans de rétablissement pour les trois prochains mois?   **Appuyez les plans de rétablissement des clients.**

C'est bon de vous entendre parler de vos plans. Si vous le voulez, parlez-en dans le cadre de notre discussion d'aujourd'hui.

Tout au long de votre période de rétablissement, nous vous demanderons de parler de vos expériences et de vos plans de rétablissement et vous entendrez également les autres parler de leurs plans. Si quelqu'un propose des plans de rétablissement qui, selon vous, ne donneront pas de bons résultats, ou sont même franchement mauvais, que devriez-vous faire?

1. Ce qui ne vous convient pas peut convenir parfaitement à une autre personne.

2. Votre plan de rétablissement peut s'avérer catastrophique pour quelqu'un d'autre.

Essayez de penser à une période où, malgré vos efforts pour vous abstenir, vous avez repris de la drogue ou recommencé à boire. Pouvez-vous expliquer comment vous saviez que votre rétablissement était menacé?

Ce diagramme indique comment les gens parviennent à se maintenir en rétablissement. Il montre la nécessité de reconnaître les moments vulnérables et la façon de se remettre de cette mauvaise passe pour se retrouver dans une phase de soutien.

Remarquez comme la vie est faite de hauts et de bas. Cela est vrai non seulement pour l'abus de d'alcool et de drogues, mais pour tous les domaines de la vie. Tout le monde connaît des hauts et des bas. Notre but est donc de reconnaître à quels moments ils se produisent et de déterminer les causes de ces bas.

Quelles peuvent être certaines causes de ce revirement?

Sans pour autant nous lancer dans une séance où l'on discuterait en détail de la prévention d'une rechute, nous voulons vous montrer un exemple d'une idée très simple que beaucoup de personnes utilisent avec succès pendant leur rétablissement.

Quelqu'un a-t-il déjà vu ceci avant aujourd'hui? Qui peut me dire ce que représente chaque lettre?

Il est généralement reconnu que si l'on ressent deux ou plus de ces sentiments négatifs, on se dirige droit vers la partie inférieure du diagramme. Quelles sont d'autres menaces ou d'autres combinaisons de situations qui présentent des risques et dont il faut se méfier?

Donnez-moi quelques exemples de causes de chagrin. Plusieurs personnes ont indiqué qu'elles pensaient avoir perdu leur meilleur ami le jour où elles avaient cessé de se droguer ou de boire de l'alcool.

Une autre cause de préoccupation est la dépression. Si l'on reconnaît que vous avez de graves tendances dépressives, vous devez consulter un médecin.

Quels sont certains symptômes de la dépression?

Les événements traumatisants peuvent être divers. Ce qui est traumatisant pour une personne ne l'est pas nécessairement pour une autre. C'est donc à vous de reconnaître les événements qui vous font souffrir.

Une autre question importante, qui ne figure pas sur le transparent, concerne ce qu'on fait de notre temps. Quelqu'un peut-il parler de ce qu'on doit faire de son temps pendant le rétablissement?

Prenez quelques minutes pour remplir le tableau. Nous n'en discuterons pas tout de suite mais nous l'utiliserons plus tard au cours de cette séance.

Une fois de plus, notre objectif est d'intervenir le plus tôt possible avant d'arriver au bas de la courbe (au numéro 4) au lieu d'attendre d'être à «Oh!oh!» et de rechuter.

Beaucoup de gens apprennent à reconnaître de plus en plus tôt qu'ils sont sur le chemin d'une rechute et font ce qu'il faut pour empêcher cette situation de se produire.

Quelles mesures peut-on prendre personnellement pour prévenir une rechute?

Pensez-vous avoir appris une ou deux nouvelles stratégies d'adaptation?

Reprenons maintenant notre feuille de travail. Indiquez dans les cases en blanc les activités que vous faites pendant que vous suivez ce programme-ci.

Il devrait se produire un changement important pour la plupart d'entre vous. Que signifie ce changement? Cela signifie que vous pouvez changer et vous avez montré que vous pouviez contrôler la fluctuation de vos hauts et de vos bas.

Merci d'avoir participé à la séance d'aujourd'hui.

Apprendre à gérer son rétablissement

Vie quotidienne :
État d'esprit positif

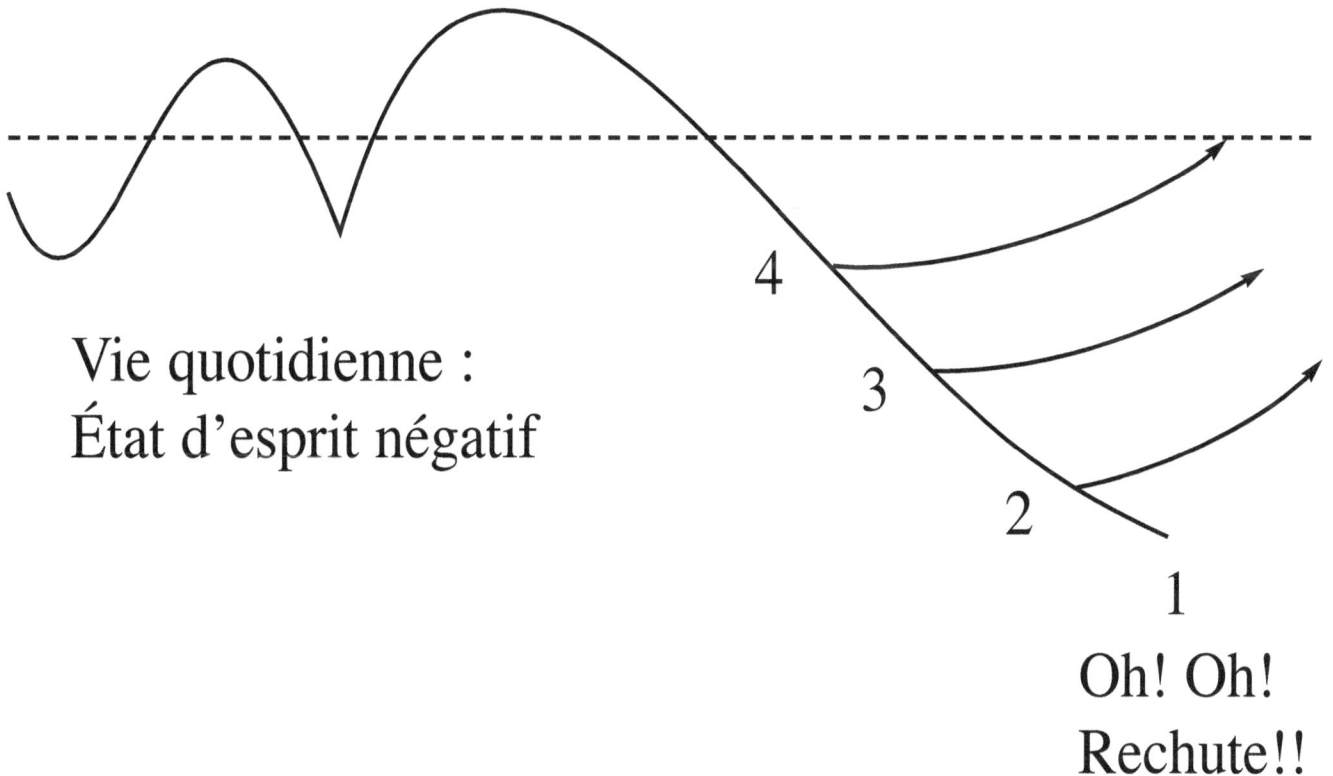

Vie quotidienne :
État d'esprit négatif

4

3

2

1

Oh! Oh!
Rechute!!

Faire volte-

F	**A**	**C**	**E**
a	f	o	n
t	f	l	n
i	a	è	u
g	m	r	i
u	é	e	
é			

―――――――

Tiré des slogans (12 étapes)

Situations pouvant menacer le rétablissement

- chagrin

- dépression

- événement traumatisant

Q Comment le rétablissement est-il menacé?

R De deux façons :

1. Vous aviez l'habitude de faire face aux situations ci-dessus en prenant de la drogue ou de l'alcool.

2. Réapprendre à NE PAS boire ou à NE PAS prendre de drogue peut être difficile, car il se peut que la société, votre famille ou vos amis vous y incitent.

Que feriez-vous?

Le jour avant mon admission au centre de désintoxication

	Activités
Minuit	
1 h	
2 h	
3 h	
4 h	
5 h	
6 h	
7 h	
8 h	
9 h	
10 h	
11 h	
12 h	
13 h	
14 h	
15 h	
16 h	
17 h	
18 h	
19 h	
20 h	
21 h	
22 h	
23 h	

Le jour avant mon admission au centre de désintoxication

	Activités
Minuit	
1 h	
2 h	
3 h	
4 h	
5 h	
6 h	
7 h	
8 h	
9 h	
10 h	
11 h	
12 h	
13 h	
14 h	
15 h	
16 h	
17 h	
18 h	
19 h	
20 h	
21 h	
22 h	
23 h	

INTRODUCTION
AU RÉTABLISSEMENT

Les 12 étapes

LES 12 ÉTAPES

LISTE DE CONTRÔLE ET INFORMATION À L'INTENTION DE L'ANIMATEUR

Avant de commencer, vérifiez si vous avez :
- les transparents
  1. Les groupes d'intervention en 12 étapes
  2. Faits généraux sur les 12 étapes
  3. Anonymat
  4. Les 12 étapes des Alcooliques anonymes

Matériel audiovisuel requis :
- rétroprojecteur et écran
- tableau blanc et marqueur

But du module :
Certains clients sont peut-être familiers avec les 12 étapes, d'autres auront besoin d'une introduction. Ce module présente donc les 12 étapes comme un outil approprié dans le rétablissement.

Objectifs :
1. Fournir des renseignements généraux sur les 12 étapes
2 Encourager l'usage des 12 étapes comme bon outil de rétablissement
3 Promouvoir et appuyer les échanges au sujet des 12 étapes.

Considérations spéciales :
- Il se peut que certains clients aient eu de mauvaises expériences avec certains groupes d'intervention en 12 étapes.
- Il serait bon que l'animateur ait assisté à au moins une réunion de ce genre de groupe au cours de l'année passée pour être une bonne source d'information dans ce module.
- Ce sujet incitera certainement les clients à raconter leurs expériences. Si l'expérience personnelle dont parle un client semble avoir un impact positif sur le groupe, ne l'interrompez pas. Ne vous inquiétez pas si vous ne pouvez pas couvrir tout le matériel - cela signifie tout simplement que le message des 12 étapes a été transmis au cours de cette séance.

REMARQUE : Le scénario du module et le matériel à couvrir pendant la séance de groupe sont écrits en caractères ordinaires. Les instructions données à l'animateur sont écrites en **caractères gras.**

Démarrage
Commencez toujours chaque séance par les points suivants :

Normes de groupe
- Il faut arriver à l'heure.
- Il est interdit de manger ou de boire pendant les séances de groupe.
- Les membres du groupe doivent s'asseoir en demi-cercle autour du tableau blanc.
- À l'exception des pauses prévues pour aller à la toilette, les personnes qui désirent quitter le groupe doivent tout d'abord demander la permission à l'animateur.
- Les commentaires donnés aux autres membres du groupe doivent porter strictement sur ce qui a été dit. Prière de ne pas donner de conseils ou de passer de jugement.
- Une seule personne à la fois peut parler.
- Avez-vous des suggestions pour la séance d'aujourd'hui?   **Demandez aux participants.**

Comment ça va aujourd'hui?   **Demandez à chaque membre du groupe.**

Avez-vous des points à soulever au sujet du centre de désintoxication?

Introduction

Le but premier du programme *Introduction au rétablissement* est de présenter et d'échanger de l'information qui vous aidera à apporter des changements éclairés à votre mode de vie et qui vous familiarisera avec la notion de groupe en vue d'un traitement continu.

La séance «Les 12 étapes» a pour but de discuter de la valeur de cette approche dans le cadre du traitement.

La séance

Est-ce que quelqu'un a déjà participé à une réunion d'un groupe d'intervention en 12 étapes? Si oui, pouvez-vous nous parler de votre expérience (bonne ou mauvaise) en quelques mots? Si votre expérience a été mauvaise, je vous demande de ne pas tenter de d'influencer le jugement des autres.

Les centres de traitement utilisent différentes approches et différents outils pour favoriser le rétablissement, pouvant aller de programmes axés sur la spiritualité à des programmes qui adoptent une approche psychologique à l'égard du mieux-être. Comme vous êtes ici pour peu de temps, nous voulons vous transmettre de l'information sur les approches qui répondent le mieux à vos besoins. Nous offrons donc un module de groupe sur les 12 étapes, car cette approche vous est immédiatement accessible, ici comme dans la plupart des collectivités. Vous avez par ailleurs la possibilité d'utiliser cette information immédiatement.

Pourquoi les groupes d'intervention en 12 étapes sont-ils si facilement accessibles?

Où se tiennent ce genre de réunions dans cette collectivité-ci (lieux et types de réunions - Alcooliques anonymes, Narcotiques anonymes, etc.)?

Quel était l'autre cofondateur des AA? (Dr Bob S.) Imaginez un peu ce que de fonder les AA dans les années 1930 avait dû représenter pour ces deux hommes. Les 12 étapes datent donc de longtemps. Combien y a-t-il d'autres groupes d'intervention en 12 étapes à part les plus courants tels que les AA, les NA et les CA?

Discutez de deux ou trois réponses. Mentionnez que d'autres auront l'occasion de raconter leur expérience plus tard. Expliquez pourquoi l'établissement/le programme croient que les 12 étapes sont importantes.

Montrez le transparent n° 1 (Les groupes d'intervention en 12 étapes).

Examinons pourquoi ces programmes portent tous l'épithète «anonyme» et ce que l'on entend généralement par anonymat.

Quelqu'un peut-il commenter sur cet énoncé et nous dire comment il s'applique à nous dans ce programme?

Remarquez l'utilisation du «nous» dans la première étape. En fait, on peut employer le «nous» au début de chaque étape. Le «nous» des étapes peut également sous-entendre moi-même, etc.

Le «nous» est mis en valeur car il est symbolique d'un être humain qui aide son prochain. Si le rétablissement n'est pas une chose nouvelle pour certains d'entre vous, vous en aurez sans doute conclu que le chemin du rétablissement ne peut pas se parcourir seul. Si c'était le cas, vous ne seriez sûrement pas tous ici aujourd'hui.

Les étapes sont numérotées parce qu'on est supposé les parcourir dans l'ordre. En d'autres termes, vous devriez être complètement engagé à franchir la première étape avant de passer à la seconde. J'aimerais également vous rappeler que ce dont nous parlons aujourd'hui ne remplace pas et n'exclut pas vos expériences précédentes avec les 12 étapes. Ce groupe-ci n'est pas un groupe d'intervention en 12 étapes. Si vous souhaitez en apprendre plus long sur les 12 étapes, assistez aux réunions de tels groupes.

Récapitulation

Qu'avons nous découvert aujourd'hui au sujet des 12 étapes?

Nous avons sans doute appris que les 12 étapes :
• sont accessibles (il y a des groupes d'intervention en 12 étapes dans presque toutes les collectivités)
• sont valables (ce genre de programme a aidé beaucoup de gens)
• sont utilisées en début de rétablissement, pendant toute la période du rétablissement, au cours du suivi et tout au long de la période de soins continus après un traitement plus formel
• sont une bonne façon d'établir des liens avec sa collectivité; les groupes d'intervention en 12 étapes nous montrent que nous ne sommes pas seuls.

Il est toutefois important de mentionner que les groupes d'intervention en 12 étapes ne conviennent pas nécessairement à tout le monde. Chaque personne est unique et a des besoins différents. Une chose est certaine : les 12 étapes sont toujours là au cas où vous voudriez les explorer.

Attendez les réponses des clients. Manifestez votre approbation lorsque de bonnes idées sont exprimées. Ajoutez les points suivants s'ils n'ont pas été soulevés :

Les groupes d'intervention en 12 étapes

Le groupe de soutien le plus grand et le plus accessible pour les soins continus

Faits saillants sur les 12 étapes

- Écrits en 1938 par Bill W., le cofondateur des AA

- Le programme a été créé pour répondre à un besoin d'unité et de simplicité

- De nos jours, de nombreux groupes d'auto-assistance adoptent les 12 étapes

Anonymat

L'anonymat est la base spirituelle de toutes nos traditions et nous rappelle sans cesse d'élever les principes au-dessus des personnalités.

Source : W., Bill (1996) *Les douze étapes et les douze traditions.*

Les 12 étapes des Alcooliques anonymes

1 Nous avons admis que nous étions impuissants devant l'alcool, que nous avons perdu la maîtrise de nos vies.

2 Nous en sommes venus à croire qu'une Puissance supérieure à nous-mêmes pouvait nous rendre la raison.

3 Nous avons décidé de confier notre volonté et nos vies aux soins de Dieu *tel que nous le concevions*.

4 Nous avons courageusement procédé à un minutieux inventaire moral, de nous-mêmes.

5 Nous avons avoué à Dieu, à nous-mêmes et à un autre être humain la nature exacte de nos torts.

6 Nous avons pleinement consenti à ce que Dieu élimine tous ces défauts de caractère.

7 Nous lui avons humblement demandé de faire disparaître nos déficiences.

8 Nous avons dressé une liste de toutes les personnes que nous avions lésées et consenti à leur faire amende honorable.

9 Nous avons réparé nos torts directement envers ces personnes partout où c'était possible, sauf lorsqu'en ce faisant, nous pouvions leur nuire ou faire tort à d'autres.

10 Nous avons poursuivi notre inventaire personnel et promptement admis nos torts dès que nous nous en sommes aperçus.

11 Nous avons cherché par la prière et la méditation à améliorer notre contact conscient avec Dieu, tel que nous le concevions, Lui demandant seulement de connaître sa volonté à notre égard et de nous donner la force de l'exécuter.

12 Ayant connu un réveil spirituel de ces étapes, nous avons alors essayé de transmettre ce message à d'autres alcooliques et de mettre en pratique ces principes dans tous les domaines de notre vie.

INTRODUCTION AU RÉTABLISSEMENT

Le mieux-être

LE MIEUX-ÊTRE

LISTE DE CONTRÔLE ET INFORMATION À L'INTENTION DE L'ANIMATEUR

Avant de commencer, vérifiez si vous avez :

• les transparents:

1. Les stades du sommeil	4. Les aliments qui favorisent la guérison
2. La gestion du stress	5. Le système immunitaire
3. Les aliments énergisants	6. Ce qui affaiblit le système immunitaire

Matériel audiovisuel requis :

• rétroprojecteur et écran
• tableau blanc et marqueur

But du module :

Donner un aperçu de ce que les clients peuvent faire pour parvenir au mieux-être.

Objectifs :

1. Encourager les clients à rechercher les sensations agréables qui font partie intégrante du mieux-être
2. Enseigner les principes du mieux-être, en particulier dans les domaines qui risquent d'avoir un impact sur les personnes qui ont une dépendance
3. Fournir de l'information nouvelle et intéressante sur le mieux-être — de l'information que les clients ne trouveront probablement pas ailleurs en début de rétablissement

Considérations spéciales :

• Il se peut que certains clients questionnent ou rejettent le matériel présenté dans ce module. Cette résistance peut être attribuée aux raisons suivantes :

   a) Le client pense qu'il connaît bien la question parce qu'il a déjà participé à des programmes de rétablissement ou de traitement.

   Réponse de l'animateur : **«Nous avons dû préparer ce module pour tout le monde et non pas uniquement pour les personnes qui ont déjà obtenu cette information. Soyez donc patient avec le groupe et le processus».**

   b) Le client préfère attribuer sa mauvaise santé à des causes externes comme l'hérédité et l'environnement.

   Réponse de l'animateur : **Quel que soit votre environnement ou vos facteurs héréditaires, vous pouvez faire certaines choses pour améliorer votre santé, plutôt que de ne rien faire du tout».**

   c) Le client se sent menacé par toute suggestion à changer ses habitudes.

   Réponse de l'animateur : **Vous pensez peut-être que ce matériel n'est pas utile pour vous, mais il peut aider d'autres personnes. Je vous demanderais donc de leur permettre d'écouter la présentation et de les laisser juger par eux-mêmes».**

REMARQUE : Le scénario du module et le matériel à couvrir pendant la séance de groupe sont écrits en caractères ordinaires. Les instructions données à l'animateur sont écrites en **caractères gras**.

Démarrage
Commencez toujours chaque séance par les points suivants :

Normes de groupe
- Il faut arriver à l'heure.
- Il est interdit de manger ou de boire pendant les séances de groupe.
- Les membres du groupe doivent s'asseoir en demi-cercle autour du tableau blanc.
- À l'exception des pauses prévues pour aller à la toilette, les personnes qui désirent quitter le groupe doivent tout d'abord demander la permission à l'animateur.
- Les commentaires donnés aux autres membres du groupe doivent porter strictement sur ce qui a été dit. Prière de ne pas donner de conseils ou de passer de jugement.
- Une seule personne à la fois peut parler.
- Avez-vous des suggestions pour la séance d'aujourd'hui?   **Demandez aux participants.**

Comment ça va aujourd'hui?   **Demandez à chaque membre du groupe.**

Avez-vous des points à soulever au sujet du centre de désintoxication?

Introduction

Le but premier du programme *Introduction au rétablissement* est de présenter et d'échanger de l'information qui vous aidera à apporter des changements éclairés à votre mode de vie et qui vous familiarisera avec la notion de groupe en vue d'un traitement continu.

Le module «Mieux-être» est destiné à vous aider à reconnaître les périodes de votre vie où vous vous sentiez bien sur le plan physique, sur le plan affectif, ou les deux, et à vous fournir des renseignements pratiques sur ce que vous pouvez faire pour vous aider à vous sentir bien.

La séance

Est-ce que quelqu'un peut expliquer ce que l'on entend
par «mieux-être»?

Discutez des réponses.

Pouvez-vous donner quelques exemples de ce qui favorise le bien-être?

Aujourd'hui, nous allons discuter du sommeil, du stress, de la nutrition,
du système immunitaire et des facteurs de risque.

Le sommeil

Parlons tout d'abord du sommeil. Quelles sont vos habitudes de sommeil?

Essayez de vous rappeler d'une période où vous dormiez vraiment
bien et où vous étiez en pleine forme. Que ressentiez-vous? Quand
était-ce? À quoi attribuez-vous cette formidable sensation que vous
aviez de bien dormir?

Examinons ce qui se passe lorsqu'on dort bien.

Voici ce qui arrive lorsque le sommeil est bon et qu'il repose le
corps et l'esprit.

Est-ce que quelqu'un pense que l'alcool aide à dormir?

Une petite quantité d'alcool aide à s'endormir, mais le reste du sommeil
est léger et peu reposant. On est toujours fatigué au réveil. Lorsqu'on
boit une quantité importante d'alcool, le sommeil est léger et
interrompu. Le manque de sommeil profond peut mener au délire.
De même, le système immunitaire s'affaiblit et devient moins capable
de combattre la maladie.

Le stress

Boire beaucoup d'alcool et prendre de la drogue rend la vie des plus stressantes. Comment notre corps réagit-il au stress?

Inscrivez les réponses sur le tableau blanc. Ajoutez les éléments suivants s'ils n'ont pas été mentionnés :
- **augmentation du rythme cardiaque**
- **augmentation de la tension artérielle**
- **respiration plus rapide**
- **muscles tendus, prêts à l'action**
- **le corps libère du glucose pour avoir de l'énergie rapidement**
- **le corps sécrète de l'adrénaline pour avoir plus d'énergie et d'endurance**

Tous ces processus sont exténuants pour le corps. Leurs effets à long terme sont néfastes. On se fatigue plus facilement, on tombe plus vite malade, on devient plus facilement en colère et déprimé. Le stress peut tuer.

Si vous faites tout votre possible pour vous rétablir mais que les facteurs de stress — au travail, à la maison, en famille, le fait de ne pas boire ou prendre de la drogue — augmentent, cela signifie-t-il que vous allez rechuter?

Montrez le transparent n° 2 (La gestion du stress). Pour garder toute l'attention du groupe, montrez une section du transparent à la fois.

La nutrition

Étant donné qu'il y a une séance entière consacrée à la nutrition, nous discuterons aujourd'hui très brièvement de deux questions : les aliments qui donnent de l'énergie et ceux qui favorisent la guérison.

Notre société moderne nous incite à prendre des produits qui nous donnent de l'énergie — certains médicaments et certains types d'aliments qui soi-disant aident notre organisme à fabriquer de l'énergie. Mais en réalité, beaucoup de ces produits minent l'énergie. Pouvez-vous nommer certaines des substances qui sont supposées nous donner de l'énergie?

Inscrivez les réponses sur le tableau blanc à mesure qu'elles sont données. Puis mentionnez ce qui a été omis.
- **la caféine**   • **le tabac**
- **le sucre**   • **les collations riches en**
- **l'alcool et**   **matières grasses**
  les drogues

Le petit remontant que ces substances-là nous donnent — quelques minutes ou quelques heures — est rabaissé par une plus longue période de moins grande énergie.

Le transparent suivant présente certaines stratégies qui donnent de l'énergie. Pouvez-vous suggérer certaines stratégies qui favorisent l'énergie?

Attendez les réponses du groupe et montrez le transparent n° 3 (Les aliments énergisants)

Voyons maintenant «Les aliments qui favorisent la guérison». Si vous désiriez manger des aliments qui aident votre organisme à guérir plus rapidement (et le rétablissement à long terme s'accompagne sans contredit d'une guérison physique) — que devriez-vous manger ou boire?

Attendez les réponses du groupe et montrez le transparent n° 3 (Les aliments qui favorisent la guérison)

Remarque : Il peut être difficile de mettre ces changements en pratique dans vos circonstances actuelles, mais ces connaissances vous aideront bientôt.

Le système immunitaire

Le transparent sur les stades du sommeil nous a montré que pendant le sommeil profond, notre système immunitaire travaille plus fort et nous aide à rester en bonne santé. Savez-vous ce qu'est le système immunitaire?

Fondamentalement, le système immunitaire aide le corps à combattre les infections et les autres maladies. Si nous n'avions pas de système immunitaire, ou s'il devenait complètement affaibli, on pourrait mourir, même d'un simple rhume.

Pourtant, beaucoup de gens vivent avec des maladies qui sont beaucoup plus graves que le rhume — le cancer, la tuberculose, l'hépatite A, B, C et le VIH/sida, par exemple. Comment cela se fait-il? Voici une brève explication du fonctionnement du système immunitaire.

Le système immunitaire a deux fonctions : il identifie les cellules «propres» et les cellules «étrangères» et comme étant «sécuritaires» ou «dangereuses». Par exemple, certains pollens de plantes dans l'air que nous respirons sont des cellules dites «étrangères», mais ne sont pas combattues. Toutefois, d'autres pollens de plantes peuvent être des cellules dites «étrangères» et sont combattues par de fortes réactions allergiques comme «le rhume des foins».

Le système immunitaire fonctionne ainsi parce que les globules blancs et les molécules protéiques circulent dans le sang et le système lymphatique (les ganglions lymphatiques du cou, des aisselles et de l'aine gonflent lorsqu'ils sont infectés) à la poursuite de cellules «étrangères» «dangereuses» qu'ils attaquent et tuent.

Donc, votre système immunitaire est à l'affût, prêt à protéger votre corps. Il est comparable à une équipe d'intervention d'urgence qui lutte contre les maladies.

Tout ce que votre système immunitaire réclame chaque jour est que vous vous reposiez bien, que vous mangiez de bons aliments et buviez des boissons saines, que vous ayez des pensées positives et que vous vous détendiez.

Facteurs de risque

Différentes maladies ont tendance à affecter différents groupes de personnes. Par exemple, est-ce que beaucoup de personnes âgées attrapent la varicelle?

Non, les enfants ont tendance à attraper la varicelle.

Maintenant, si quelqu'un a un grave problème d'alcool ou de drogue, pouvez-vous nommer certaines des maladies dont cette personne serait plus susceptible de souffrir?

Tout en continuant de chercher des moyens de mieux nous sentir, examinons maintenant l'une des maladies que vous venez de mentionner.

Bien. Si vous aviez le choix de souffrir de _____

iriez-vous quelque part et diriez-vous : «Donnez-moi une dose de_____ ?"

Vous venez juste de nous donner de bonnes raisons prouvant que vous avez bel et bien votre mot à dire et un certain contrôle sur votre vie. Il est trop facile de dire «Ma vie est incontrôlable» et de croire à tort qu'on a perdu tout contrôle. D'autre part, préserver et protéger la santé ne coûte rien, et on peut le faire n'importe où, où qu'on vive.

On peut aussi considérer notre thème d'aujourd'hui en termes de réduction du risque, c'est-à-dire envisager comment minimiser les torts qui nous arrivent.

S'occuper de soi — mieux dormir, mieux manger, gérer son stress, etc. — contribue à réduire les risques.

**Montrez le transparent n° 6
(Ce qui affaiblit le système immunitaire).**

Récapitulation

En résumé, nous avons discuté aujourd'hui de l'importance de découvrir
ce qui aide à se sentir bien — mieux dormir, avoir plus d'énergie et
penser positivement — et comment essayer de se sentir mieux en
réduisant les facteurs de risque.

Avant de terminer cette séance, avez-vous des questions?

Merci d'avoir participé à la séance d'aujourd'hui. Nous espérons que
vous commencerez à vous sentir mieux en décidant de vivre d'une façon
qui vous permettra de vous *sentir* de mieux en mieux — que ce soit en
accomplissant de grands changements ou progressivement à petits pas.

Les stades du sommeil

Types de sommeil	Caractéristiques
Stade 1: le sommeil léger	ENVIRON 10 MINUTES; entrée/sortie d'un sommeil nébuleux, brumeux
Stade 2: le sommeil intermédiaire	ENVIRON 20 MINUTES; beaucoup plus difficile de se réveiller
Stade 3: le sommeil profond ou lent ■ sommeil profond, reposant, et réparateur ■ on se réveille en disant : «J'ai bien dormi»	DE QUELQUES MINUTES À UNE HEURE; ondes cérébrales lentes de grande amplitude ■ Le système immunitaire fonctionne à plein comparativement aux autres stades du sommeil ■ *Toute quantité* de caféine ou de nicotine prise 12 heures avant de dormir affaiblit ou même élimine ce stade
Retour au **Stade 2**	BREF, SEULEMENT QUELQUES MINUTES
Stade 3	COMME CI-DESSUS
Sommeil paradoxal (phase de mouvements oculaires rapides)	La plupart de l'activité de rêve a lieu à ce stade; mouvements nerveux du visage et des doigts
Puis, cycles répétitifs des stades 2, 3 et du sommeil paradoxal	DE 4 À 6 CYCLES PENDANT LA NUIT

Sources : Dotto, L. (1990). *Asleep In the Fast Lane: The Impact of Sleep on Work*. Coren, S. (1996). Sleep Thieves

La gestion du stress
On peut gérer son stress de trois façons :

1 Éliminer la source du stress

Exemples :

Au travail :   changer d'emploi, de superviseur, de collègues

À la maison :   quitter son foyer, séparation, divorce

Famille :   déménager, rompre les liens familiaux

Toxicomanie :   si possible, séjourner dans un milieu sans alcool ni drogue

2 Changer la source du stress

Exemples :

Au travail :   parler au collègue ou au superviseur difficile et négocier de nouvelles façons de travailler ensemble

À la maison :   obtenir de l'aide d'un conseiller et apprendre de nouvelles façons de communiquer les uns avec les autres

Famille :   découvrir par la discussion comment mieux se comprendre

Toxicomanie :   ?

3 Modifier sa réaction au stress

Exemples :

Au travail :   apprendre de nouvelles habiletés pour négocier, s'affirmer, se détendre — en suivant des cours en classe ou des cours télévisés, ou en lisant

À la maison et avec sa famille :   faire des efforts pour mieux comprendre les autres et communiquer efficacement; au besoin, obtenir de l'aide d'un conseiller

Toxicomanie :   apprendre à mieux se connaître en participant à des groupes d'intervention en 12 étapes ou d'autres groupes; apprendre des techniques de relaxation; suivre des cours en classe ou des cours télévisés pour s'affirmer et négocier efficacement, ou lire sur ces sujets; au besoin, obtenir l'aide d'un conseiller.

Adapté de : *Choosing Wellness,* ministère de la Santé de la Colombie-Britannique. (1992).

Les aliments énergisants

1 Un bon déjeuner permet au métabolisme de fonctionner pendant toute la journée.

2 Choisir pain, petits pains, pitas de grains entiers plutôt que de farine blanche. Les produits de grains entiers contiennent des fibres, du fer et de la vitamine B qui donnent de l'énergie.

3 Réduire la quantité de café, de thé et d'autres boissons caféinées. En boire trois tasses par jour ou plus déshydrate, rend nerveux et réduit le taux de fer dans le sang.

4 Prendre plus de vitamines et de minéraux que le corps n'en réclame ne donne pas plus d'énergie. Consulter un médecin, un pharmacien, un nutritionniste autorisé ou un diététiste.

5 Diminuer la consommation d'aliments raffinés et le prêt-à-manger. Des taux élevés de sucre, de sel et de graisse ralentissent le métabolisme.

6 Tous les fruits contiennent un certain type de sucre, appelé fructose, qui maintient le taux de glycémie plus élevé et plus longtemps que le sucre raffiné ou le saccharose.

Adapté de : *Choosing Wellness*. Ministère de la Santé de la Colombie-Britannique. (1992).

Les aliments qui favorisent la guérison

1 Boire beaucoup de liquides — de six à huit tasses par jour de jus, de lait ou d'eau. Réduire le plus possible la quantité de sucre ajouté aux boissons.

2 Manger plus de légumes et de fruits vert foncé ou jaunes.

3 Manger le plus possible de grains entiers. Ajoutez du germe de blé aux céréales et au pain ou aux muffins maison.

4 Manger beaucoup de soupes maison faites avec des légumes frais et des légumineuses (haricots et pois secs, lentilles).

Adapté de : *Choosing Wellness*. Ministère de la Santé de la Colombie-Britannique. (1992).

Le système immunitaire

Le système immunitaire a deux grandes fonctions :

1 il reconnaît les cellules comme étant «propres», «étrangères», «sécuritaires» ou «dangereuses»

2 il combat les cellules «étrangères» et «dangereuses»

Source : Rees, A & Wiley, C. (Eds.). (1993). *Personal Health Reporter.*

Ce qui affaiblit le système immunitaire

Le système immunitaire est affaibli par :

- mauvais sommeil

- mauvaise alimentation ou déshydratation

- stress prolongé

- manque d'exercice

- longue maladie

- tabagisme

- polluants dans l'air, l'eau et les aliments

INTRODUCTION AU RÉTABLISSEMENT

La nutrition

LA NUTRITION

LISTE DE CONTRÔLE ET INFORMATION À L'INTENTION DE L'ANIMATEUR

Avant de commencer, vérifiez si vous avez :

- les 13 transparents «vrai ou faux»
- une feuille pour couvrir les réponses indiquées sur les transparents.
  Pour présenter les transparents le plus efficacement possible, veuillez noter les points suivants :
  1. Avant de placer le transparent sur le rétroprojecteur, mettez la feuille blanche *derrière* le transparent, en couvrant la partie inférieure en-dessous des pointillés.
  2. Lisez la question à voix haute.
  3. Encouragez les clients à discuter des réponses.
  4. Pour répondre à la question, descendez suffisamment la feuille afin de laisser apparaître la partie «vrai ou faux» mais non pas toute la réponse.
  5. Puis, lisez la réponse. Si vous montriez la réponse, cela risquerait de distraire les membres du groupe et les empêcherait d'écouter ce que vous dites.
  6. Encouragez les clients à discuter des «bonnes» réponses.
- des exemplaires du Guide alimentaire canadien pour tout le groupe.
- des exemplaires de la Liste de contrôle de santé nutritionnelle pour tout le groupe.

Matériel audiovisuel requis :

- rétroprojecteur et écran
- tableau blanc et marqueur

But du module :

Présenter l'information de base sur l'importance d'une alimentation saine.

Objectifs :

1. Favoriser une discussion informelle et constructive sur les préférences alimentaires et nutritives des clients en leur assurant qu'ils ne seront ni réprimandés, ni corrigés, ni humiliés
2. Présenter certains des effets de la toxicomanie sur la santé du point de vue de la nutrition (les autres maladies reliées à la toxicomanie seront traitées dans un autre module)
3. Montrer comment les clients peuvent apprendre à faire de meilleurs choix d'aliments

Considérations spéciales :

- Certains clients ont peut-être des besoins diététiques précis ou des problèmes de santé particuliers, comme le diabète. Dans ce cas, adaptez la présentation en conséquence.
- Certains clients ont peut-être des problèmes psychologiques ou émotifs particuliers par rapport à l'alimentation ou au contexte social de l'alimentation. Si c'est le cas, adaptez la présentation à leurs besoins.

REMARQUE : Le scénario du module et le matériel à couvrir pendant la séance de groupe sont écrits en caractères ordinaires. Les instructions données à l'animateur sont écrites en **caractères gras.**

Démarrage

Commencez toujours chaque séance par les points suivants :

Normes de groupe

- Il faut arriver à l'heure.
- Il est interdit de manger ou de boire pendant les séances de groupe.
- Les membres du groupe doivent s'asseoir en demi-cercle autour du tableau blanc.
- À l'exception des pauses prévues pour aller à la toilette, les personnes qui désirent quitter le groupe doivent tout d'abord demander la permission à l'animateur.
- Les commentaires donnés aux autres membres du groupe doivent porter strictement sur ce qui a été dit. Prière de ne pas donner de conseils ou de passer de jugement.
- Une seule personne à la fois peut parler.
- Avez-vous des suggestions pour la séance d'aujourd'hui?   **Demandez aux participants.**

Comment ça va aujourd'hui?   **Demandez à chaque membre du groupe.**

Avez-vous des points à soulever au sujet du centre de désintoxication?

Introduction

Le but premier du programme *Introduction au rétablissement* est de présenter et d'échanger de l'information qui vous aidera à apporter des changements éclairés à votre mode de vie et qui vous familiarisera avec la notion de groupe en vue d'un traitement continu.

Cette séance sur la nutrition vise à discuter de l'importance de la nutrition pour le rétablissement et de mettre en lumière ce que les clients peuvent faire pour intégrer de bonnes habitudes nutritionnelles à leur plan de rétablissement.

Nous discuterons aujourd'hui des quatre points clés suivants :

1. vos habitudes alimentaires et votre attitude à l'égard de l'alimentation
2. la nutrition en rapport avec l'usage ou l'abus d'alcool et de drogues
3. la préparation de votre propre plan d'alimentation saine
4. les aspects sociaux des habitudes alimentaires et de la nutrition.

La séance

Commençons par le premier point : vos habitudes alimentaires. Quelles ont été vos habitudes alimentaires dans les jours précédant votre admission au centre?

Pensez-vous avoir déjà eu de bonnes habitudes alimentaires?

Quels ont été certains de vos choix alimentaires judicieux, même s'ils ont été de courte durée?

Pensez-vous que l'alimentation joue un rôle dans le rétablissement? Comment?

Quels types d'aliments aimeriez-vous manger pendant votre rétablissement?

Passons maintenant au deuxième point : la nutrition en rapport avec l'usage ou l'abus d'alcool et de drogues.

Pendant la discussion, nous allons regarder des transparents qui présentent toute une série de questions auxquelles on doit répondre par vrai ou faux.

En suivant l'approche décrite ci-dessus, présentez les transparents 1 à 13. Vous pourrez également expliquer ce qu'est un diurétique, s'il y a lieu, au transparent 1.

Discutons maintenant de notre troisième point et voyons comment vous adopteriez de bonnes habitudes alimentaires une fois de retour chez vous.

Distribuez des exemplaires du *Guide alimentaire canadien*. Expliquez que le nombre de portions varie en fonction de l'âge du consommateur - les plus petites quantités pour les enfants et les plus grandes pour les adolescents.

Dans quel groupe alimentaire avez-vous le plus de facilité? Quel serait le deuxième groupe alimentaire dans lequel vous avez le plus de facilité? Le groupe le plus difficile? Qu'est-ce qui pourrait vous aider à manger plus d'aliments de ce groupe?

Examinons maintenant le quatrième point - l'aspect social de l'alimentation.

Se nourrir est une affaire hautement sociale. Dans la plupart des sociétés du monde entier, le repas est l'occasion de se réunir pour des personnes qui se connaissent ou qui veulent faire connaissance.

Avez-vous des commentaires sur les repas pris en groupe ou le fait
de manger seul?

Certains de ces aspects sociaux sont-ils reliés à votre propre
rétablissement?

Quelqu'un d'autre pense-t-il que son propre rétablissement peut être
influencé par la personne avec laquelle il mange?

La nutrition et le rétablissement

Certaines personnes ont apporté des changements à leurs habitudes
alimentaires qui, d'après elles, jouent un rôle important dans leur
rétablissement. Toutefois, nous ne pouvons pas recommander
ces changements parce qu'ils n'ont pas été approuvés par la
profession médicale et parce que nous n'en avons pas fait
personnellement l'expérience.

Si vous souhaitez plus de détails à ce sujet, renseignez-vous auprès
de votre groupe d'intervention en 12 étapes (ou de vos différents
groupes d'intervention en 12 étapes si c'est le cas), puis consultez
votre médecin.

Merci d'avoir participé à la séance d'aujourd'hui. Nous espérons que
l'information présentée vous aidera à faire des changements positifs et
de meilleurs choix nutritionnels.

La désintoxication a lieu au même rythme que les toxines (substances toxiques) sont métabolisées (traitées) par le corps et il ne reste qu'à se reposer et à dormir.

VRAI ❏   FAUX ❏

FAUX

On peut aider son corps à se nettoyer et à guérir en mangeant bien et en buvant au moins six verres d'eau par jour.

On ne compte pas le café, le thé, les boissons gazeuses et les autres diurétiques dans le compte total des six verres d'eau. Seules l'eau et les boissons non sucrées comptent.

Source : Kart, Marjorie et Smith, Sherry. *Arrêter de fumer : Un programme à l'intention des femmes - Guide de l'animateur* Toronto : Fondation de la recherche sur la toxicomanie, page 4.1.

Lorsqu'on boit une cannette de boisson gazeuse, on ingère l'équivalent de neuf cuillères à soupe de sucre.

VRAI ❑   FAUX ❑

VRAI

Source : Kart, M. et Sherry S. (1993). *Arrêter de fumer : Un programme à l'intention des femmes - Guide de l'animateur*

Le sevrage et le rétablissement sont si éprouvants - physiquement, mentalement et spirituellement - que l'élimination du sucre, de la caféine et du tabac en même temps est beaucoup trop pour une seule personne. Par conséquent, rétablissez-vous en éliminant une drogue à la fois.

VRAI ❏   FAUX ❏

Il y a dans ce cas trois bonnes réponses.

1. «Une drogue à la fois» est conseillée pour de nombreuses personnes qui ont beaucoup de difficultés pendant leur sevrage et ne peuvent pas imaginer souffrir davantage.

2. «Cessez de prendre la(les) principale(s) drogue(s) envers laquelle(lequelles) vous avez développé une dépendance et éliminez le sucre et la caféine.» Voici le conseil de la docteure Joan Larson qui obtient de très bons résultats avec les personnes qui ont une dépendance. Elle pense que l'accoutumance au sucre (pour les alcooliques) et à la caféine sont des déclencheurs et des menaces majeures au rétablissement d'une toxicomanie.

   Une fois terminé le sevrage du sucre et de la caféine, les clients peuvent donc plus facilement cesser de fumer.

   Elle conseille également de prendre conscience de sa consommation de nicotine en comptant le nombre de cigarettes fumées chaque jour.

3. Éliminer en même temps sa drogue principale et le tabac donnent de bons résultats dans certains programmes de traitement, même parmi les clients qui étaient loin de penser qu'ils étaient capables de relever ces deux défis en même temps.

Source : Larson, J. (1992) *Alcoholism: The Biochemical Connection.*

Les alcooliques ont plus de problèmes de santé reliés à la nutrition que les autres personnes qui ont de graves dépendances envers des drogues.

VRAI ❑   FAUX ❑

FAUX

On pense souvent que les alcooliques ont des troubles graves du foie, tandis que les gens qui ont d'autres dépendances ont des problèmes nutritionnels mineurs.

En fait, *toutes* les dépendances qui poussent les gens à préférer leur drogue à des aliments sains et à de bonnes habitudes alimentaires entraînent des problèmes de santé similaires, tous reliés à la malnutrition. Parmi ces troubles citons :

• la nausée • la diarrhée • la perte d'appétit • la carie dentaire • l'angoisse • la dépression • la fatigue
• les maladies peu graves mais fréquentes • l'insomnie

Source: Beasley, J. & Knightly, S. (1993). *Food for Recovery.*

Un faible taux de sucre dans le sang (hypoglycémie) est un facteur de rechute important chez les alcooliques en période de rétablissement.

VRAI ❑   FAUX ❑

Peut-être vrai, bien que cette question soit controversée.

Les personnes qui pensent que c'est vrai estiment qu'un nombre important d'alcooliques souffrent d'hypoglycémie et que cela nuit à leur rétablissement car l'hypoglycémie donne lieu aux symptômes suivants qui donnent envie de boire de l'alcool : faible énergie, irritabilité, dépression, difficulté de concentration et envie de sucre. Le Dr Bob S. (co-fondateur des AA) était médecin et appuyait ce point de vue.

Les gens qui pensent que c'est faux estiment que beaucoup de personnes qui semblent être hypoglycémiques ne le sont pas en réalité. On ne sait pas si ces personnes souffrent vraiment d'hypoglycémie parce que les tests ne sont pas administrés correctement.

Sources: Ketcham, K. & Mueller, L. (1983). *Eating Right to Live Sober;* Beasley, J. & Knightly, S. (1993). *Food for Recovery;* Finnegan, J. & Gray, D. (1990). *Recovery from Addiction;* Larson, J. (1992). *Alcoholism — The Biochemical Connection.*

La plupart des gens qui cessent de fumer
prennent du poids.

VRAI ❏   **FAUX** ❏

VRAI

Le gain de poids est généralement faible.

Si on cesse de fumer et qu'on prend du poids, on remplace un problème de santé par un autre.

VRAI ❑   FAUX ❑

FAUX

Les risques du tabagisme pour la santé sont beaucoup plus graves que le gain de poids.

Les risques pour la santé d'une personne qui fume un paquet de cigarettes par jour sont les mêmes que pour une personne qui prend 55 kg.

Source : Kart, M & Sherry S. (1993). *Arrêter de fumer : Un programme à l'intention des femmes - Guide de l'animateur*

Plus de 50 pour cent des calories du chocolat proviennent de matières grasses.

VRAI ❑   FAUX ❑

VRAI

Source : Kart, M. & Sherry, S. (1993). *Arrêter de fumer : Un programme à l'intention des femmes - Guide de l'animateur*

Pendant le rétablissement, le corps a besoin d'aliments riches en protéines pour avoir de l'énergie.

VRAI ❏   FAUX ❏

FAUX

Le rôle des protéines est de fabriquer et de réparer les tissus musculaires et non pas de fournir de l'énergie. La meilleure façon de remplacer la perte de muscle due à l'abus de drogues est de consommer des aliments riches en glucides (pour conserver les protéines), de faire de l'exercice physique et de donner le temps à la masse musculaire de récupérer. La plupart des gens consomment suffisamment de protéines pour satisfaire leurs besoins. Toutefois, si on mange plus de protéines qu'on en a besoin, l'excédent est converti en graisse. Pour savoir quels sont les taux appropriés de protéines et de glucides, consultez un diététiste autorisé.

Source : Daniel, E (1991). *Nutritional implications in recovery from substance abuse.*

S'il est nécessaire de diminuer son taux de cholestérol, on doit éviter de consommer des aliments riches en cholestérol.

VRAI ❑   FAUX ❑

FAUX

Pour faire baisser le taux de cholestérol, on doit manger moins de matières grasses, surtout les gras saturés, et augmenter sa consommation de glucides complexes comme les produits céréaliers. Les aliments riches en fibres comme les grains entiers, les légumineuses, les légumes et les fruits sont également importants.

Source : Association canadienne des diététistes. (1993) *Nutrition Check up for Women.*

Des taches blanches ou des stries sur les ongles sont un signe de manque de vitamines ou de minéraux.

VRAI ❏   FAUX ❏

FAUX

Ces petites tâches blanches résultent généralement d'une blessure mineure comme un petit coup sur l'ongle. Les stries longitudinales sont fréquentes et seraient apparemment héréditaires.

Source : Office de commercialisation du lait. (1990). Feuillets d'information.

Pendant le rétablissement, les vitamines et les minéraux donnent plus d'énergie.

VRAI ❏   FAUX ❏

FAUX, mais VRAI dans un certain sens.

Les vitamines ne peuvent pas agir comme remontants ni donner de l'énergie puisqu'elles n'ont pas de calorie. Les vitamines et les minéraux sont à la source de nombreuses fonctions physiques et travaillent en harmonie avec les macro-nutriments (protéines, glucides et graisses) pour aider le métabolisme.

Pendant le rétablissement, une alimentation équilibrée ne fournit pas nécessairement toutes les vitamines et tous les minéraux dont on a besoin pour guérir. Un complexe de vitamine B avec zinc et magnésium peut être bénéfique pour les personnes en début de rétablissement.

Source : Daniel, E (1991). *Nutritional implications in recovery from substance abuse;* Marsano, L. (1993). *Alcohol and malnutrition.*

Les aliments que l'on comsomme peuvent avoir un effet sur l'humeur.

VRAI ❑   FAUX ❑

VRAI

La nourriture est importante pour l'activité cérébrale. La composition d'un repas ou d'une collation peut avoir un effet sur la quantité de nourriture que l'on consomme, sur la façon dont on se sent et sur l'intervalle de temps entre les repas. L'importance du choix de la proportion de glucides, de protéines et de graisses des aliments que l'on mange au cours d'un repas ou d'une collation ne se limite pas au comptage de calories.

Par exemple, après un repas ou une collation riche en glucides (fruits, légumes, pain, pâtes alimentaires, riz ou pommes de terre), on constate une augmentation d'une substance chimique au cerveau qui entraîne la somnolence et la relaxation (sérotonine).

Quand on consomme des protéines, l'image cérébrale change et une autre substance chimique du cerveau, qui a un rôle sur la vivacité d'esprit et la concentration (dopamine), augmente. Par conséquent, apprendre à manger des repas équilibrés est indispensable pour le rétablissement.

Source : Fernstrom, J. (1994). Dietary amino acids and brain function; Biery, Janet et coll. (1991). Alcohol craving in rehabilitation : assessment of nutrition therapy.

Vérifiez votre santé nutritionnelle

Date: _____

Utilisez cette liste de contrôle pour découvrir si votre alimentation présente des risques pour votre santé.

Lisez les énoncés ci-dessous et encerclez le chiffre de la colonne «oui» si cet énoncé s'applique à vous ou à quelqu'un que vous connaissez. Additionnez les points correspondants à chaque «oui» et découvrez votre note nutritionnelle.

	Oui
Je souffre d'une maladie qui m'oblige à changer le type et/ou la quantité de nourriture que je consomme.	2
Je mange moins de deux repas par jour.	3
Je mange peu de fruits, de légumes ou de produits laitiers.	2
Je bois au moins trois boissons alcoolisées par jour (bière, spiritueux ou vin).	2
J'ai des troubles de dentition ou dans la bouche qui m'empêchent de bien manger.	2
Je n'ai pas toujours assez d'argent pour acheter les aliments dont j'ai besoin.	4
Je mange seul la plupart du temps.	1
Je prends un minimum de trois médicaments sur ordonnance ou en vente libre.	1
J'ai perdu ou gagné sans le vouloir 5 kg (10 lb) au cours des six derniers mois.	2
Je ne peux pas toujours faire des courses, cuisiner et/ou me nourrir.	2
	Total

Additionnez vos points. Si votre total est :

0–2   *Bien !* Vérifiez votre note nutritionnelle dans six mois.

3–5   *Votre risque nutritionnel est modéré.* Cherchez ce que vous pouvez faire pour améliorer vos habitudes alimentaires et votre mode de vie. Vérifiez votre note nutritionnelle dans 3 mois.

6 ou plus   *Votre risque nutritionnel est très élevé.* Prenez rendez-vous chez le médecin.

Adapté de documents conçus et distribués par Nutritional Screening Initiative, un projet de l'American Academy of Family Physicians, de l'American Dietetics Association et du National Council for the Aging, Inc.

DOCUMENT N° 1

●●●

Guide alimentaire canadien

[insert printed copy from supply]

●●●

INTRODUCTION AU RÉTABLISSEMENT

La relaxation pour le rétablissement

LA RELAXATION POUR
LE RÉTABLISSEMENT

LISTE DE CONTRÔLE ET INFORMATION À L'INTENTION DE L'ANIMATEUR

Avant de commencer, vérifiez si vous avez :
- une vidéo facultative (voir la liste à l'annexe A).
- une audiocassette facultative (voir la liste à l'annexe A; toute autre audiocassette semblable fera l'affaire; le but est de montrer à quoi ressemble une audiocassette de relaxation).
- si possible, des oreillers ou des coussins et des matelas pour faire des exercices de relaxation.

Matériel audiovisuel requis :
- écran de télévision et magnétoscope
- magnétophone

Buts du module :
- Donner un aperçu du rôle que joue la relaxation dans le rétablissement, en discutant des façons dont la relaxation aide les clients à réduire le stress qui entraîne les rechutes;
- Regarder le vidéo pour montrer comment exécuter certaines techniques de relaxation;
- Renforcer la théorie en pratiquant des techniques de relaxation pendant la séance d'aujourd'hui.

Objectifs :
1. Transmettre de l'information sur le stress et les techniques de relaxation
2. Sensibiliser les clients aux exercices de relaxation qui peuvent les aider dans leur rétablissement
3. Encourager les clients à échanger sur ce sujet et les appuyer dans leurs efforts
4. Démontrer l'efficacité des audiocassettes comme outils de relaxation

---

REMARQUE : Le scénario du module et le matériel à couvrir pendant la séance de groupe sont écrits en caractères ordinaires. Les instructions données à l'animateur sont écrites en **caractères gras.**

Démarrage
Commencez toujours chaque séance par les points suivants :

Normes de groupe
- Il faut arriver à l'heure.
- Il est interdit de manger ou de boire pendant les séances de groupe.
- Les membres du groupe doivent s'asseoir en demi-cercle autour du tableau blanc.
- À l'exception des pauses prévues pour aller à la toilette, les personnes qui désirent quitter le groupe doivent tout d'abord demander la permission à l'animateur.
- Les commentaires donnés aux autres membres du groupe doivent porter strictement sur ce qui a été dit. Prière de ne pas donner de conseils ou de passer de jugement.
- Une seule personne à la fois peut parler.
- Avez-vous des suggestions pour la séance d'aujourd'hui?   **Demandez aux participants.**

Comment ça va aujourd'hui?   **Demandez à chaque membre du groupe.**

Avez-vous des points à soulever au sujet du centre de désintoxication?

Introduction

Le but premier du programme *I troductio naurrétablisseme tr*est de présenter et d'échanger de l'information qui vous aidera à apporter des changements éclairés à votre mode de vie et qui vous familiarisera avec la notion de groupe en vue d'un traitement continu.

La séance «La relaxation pour le rétablissement» a pour but de vous montrer des techniques de relaxation pour réduire votre stress.

Même si vous entendez parler de certaines techniques de relaxation enseignées par des professionnels, nous vous encourageons à utiliser l'information qu'on vous présente aujourd'hui et à l'adapter à vos propres besoins.

Séance

Aujourd'hui, nous voulons :

1. mieux comprendre comment le stress nuit à la santé
2. apprendre certaines techniques de relaxation
3. essayer certaines de ces techniques - mais seulement ceux
   qui le veulent
4. apprendre à adapter les faits présentés à nos propres besoins

Y a-t-il des gens ici qui ont déjà appris des techniques de relaxation?

Approuvez les réponses et, au besoin, ajoutez vos commentaires.

Les personnes en rétablissement ont besoin d'apprendre à réagir au stress autrement qu'en buvant ou en prenant de la drogue. Les stratégies de relaxation sont indispensables à un programme complet de rétablissement.

Ces techniques vous ont-elles aidé à vous détendre?

Votre expérience personnelle mise à part, qu'est-ce que vous avez entendu dire des techniques de relaxation?

À part les gens qui ont parlé un peu plus tôt, est-ce que quelqu'un ici a déjà utilisé ces techniques de relaxation?

Attentes raisonnables

Les gens qui enseignent les techniques de relaxation ne prétendent pas que c'est facile et que ça s'apprend du jour au lendemain. Tout le monde qui a déjà essayé ces techniques sait qu'il faut les pratiquer plusieurs fois par semaine pour qu'elles soient efficaces.

Si vous voulez avoir recours à des techniques de relaxation quand vous vous sentez stressé, vous devez commencer dès maintenant à les apprendre et à les maîtriser graduellement.

Si vous pensez qu'après votre rétablissement, vous aurez une vie facile dépourvue de stress, sachez que beaucoup de gens qui sont en rétablissement depuis des années affirment que ce n'est pas le cas. Une vie normale et d'abstinence est tout aussi remplie de tensions et de stress.

Qu'est-ce que vous pensez du vidéo?

Si les réponses des participants touchent de près certains points que nous traitons dans ce module, approuvez-les, en disant par exemple :

« Quelle bonne observation sur la question de _____ » (ou)

« C'est vrai, et d'autres ont trouvé ça important aussi » (ou simplement)

« C'est bien que vous ayez remarqué ce point ».

Discussion

Comment le stress se manifeste-t-il chez vous?

Essayez des techniques de réduction du stress : exercices de respiration

Avant de commencer, un point important : portez attention aux changements que vous ressentez dans votre corps. C'est extrêmement important. Essayez de remarquer les changements dans les différentes parties de votre corps pendant les exercices de relaxation.

L'usage excessif de drogues et d'alcool amène les gens à perdre le contact avec leur corps. Pendant leur rétablissement, ces personnes doivent réapprendre les sensations normales dans leur corps.

Retenez cela - vous devez reprendre contact avec votre corps. C'est pourquoi nous insistons sur l'importance de prendre conscience de ce qui se passe dans votre corps.

Commençons par des exercices de respiration. N'oubliez pas : vous faites ces exercices seulement si vous le voulez bien. Commençons à « respirer pour relaxer. »

Premièrement, comment respirer correctement? Est-ce que vous respirez par le ventre ou l'abdomen, ou par la poitrine? Comment savoir?

Placez votre main sur votre ventre et voyez s'il se gonfle ou se dégonfle lorsque vous inspirez ou que vous expirez. Si vous avez le ventre qui rentre lorsque vous expirez, c'est très bien - c'est que vous avez une respiration abdominale.

C'est là la façon naturelle de relaxer et de respirer. Ce type de respiration permet d'échanger un très grand volume d'air sans trop d'effort. C'est d'ailleurs si naturel de respirer comme ça que les nouveaux-nés respirent de cette façon jusqu'à ce qu'ils grandissent et qu'ils apprennent la mauvaise façon de respirer, c'est-à-dire par la poitrine.

Si vous vous rentrez le ventre lorsque vous inspirez, c'est que vous respirez par la poitrine. C'est une respiration peu profonde qui vous fait travailler plus fort pour remplacer une quantité d'air trop petite. Ce type de respiration vous fait utiliser la poitrine et d'autres muscles du haut du corps. Les personnes qui bâillent beaucoup pendant la journée respirent probablement par la poitrine.

Commençons par inspirer de l'air tout en gonflant le ventre.   **Pause.**

C'est une bonne chose de vous mettre la main sur le ventre pour sentir ce que vous faites.

Maintenant, dégonflez-vous le ventre pour expirer.

Ça va? Maintenant, faisons des exercices de respiration pour relaxer :
1. Détendez-vous avec les mains sur les cuisses.
2. Inspirez lentement.
3. Retenez votre souffle et comptez lentement jusqu'à cinq.
4. Expirez lentement.

Recommençons cet exercice encore quelques fois.

Comment vous sentez-vous? Avez-vous senti des changements dans votre corps? | **Attendez les réponses et ajoutez des commentaires pertinents.**

Si vous sentez le stress grandir en vous, où pouvez-vous aller faire cet exercice de respiration pour vous détendre? | **Approuvez toutes les suggestions originales pour intégrer ces techniques dans la vie de tous les jours.**

Techniques de réduction du stress : relaxation musculaire progressive

Maintenant, nous allons apprendre la relaxation musculaire progressive. Plutôt que de vous étendre sur un sofa, étendez-vous sur les matelas au plancher ou restez assis sur votre chaise, à votre goût. Encore une fois, vous faites cet exercice seulement si vous le voulez bien. | **Attendez que les personnes qui veulent s'étendre sur le plancher se soient installées.**

D'accord, commençons.
1. Faites cet exercice dans un endroit tranquille et débranchez le téléphone pour ne pas être dérangé - vous pouvez aussi installer une horloge à portée de la vue pour savoir quand vous aurez fini l'exercice. Détachez votre ceinture.
2. Étirez-vous les **pieds** en redressant les orteils le plus possible vers votre visage.
3. Contractez le haut des **jambes** en les serrant ensemble au niveau des genoux.
4. Contractez le **ventre** en le rentrant le plus possible.
5. Étirez-vous le **ventre** en le gonflant le plus possible.
6. Étirez-vous la **poitrine** en la sortant le plus possible.

7. Contractez-vous **épaules** en les remontant jusqu'à votre cou.

8. Attendez quelques secondes et contractez-vous les muscles du **bas du visage.** Contractez-les jusqu'à ce que vous les sentiez lourds et que vous ayez presque mal : attendez quelques secondes, et graduellement, détendez-les.

9. Pour terminer, contractez-vous tous les muscles du **cuir chevelu** autant que possible et continuez jusqu'à ce que vous les sentiez serrés et lourds. Maintenez cette position pendant quelques secondes, puis très graduellement, réduisez la tension jusqu'à ce que vos muscles soient complètement détendus.

Restez couché une minute ou deux avant de vous relever.

Avez-vous senti des changements dans votre corps pendant cet exercice?

Approuvez les réponses positives.

L'exercice physique

Certaines personnes préfèrent se détendre par d'autres moyens. L'exercice physique est l'une des meilleures façons de se détendre.

Un bon exercice aérobique dissipe la tension et favorise la sécrétion d'endorphines qui combattent la tension dans le corps.

À quelle fréquence faut-il faire de l'exercice? Pour combien de temps à la fois? Les opinions sur ces questions varient selon l'âge et selon la forme physique de la personne. Voici une approche parmi d'autres.

Voici un bon moyen de commencer : tout d'abord, marchez rapidement jusqu'à ce que vous commenciez à suer un peu. Commencez à calculer votre temps à l'aide de votre montre à partir du moment où vous commencez à suer. Marchez juste assez vite pour suer légèrement, pendant 20 minutes.

Ne vous poussez pas au point de suer abondamment et de vous épuiser!

Faites cet exercice de marche trois fois par semaine (ou plus souvent si vous vous sentez particulièrement stressé).

Comment adapter les techniques à vos besoins?

Nous allons maintenant parler des façons de prendre une idée ou une technique et de l'adapter à notre personne, à notre rétablissement et à notre vie.

Pensez aux exercices de relaxation que nous venons de faire. Dans votre vie quotidienne, comment pouvez-vous faire ces exercices quand vous en avez besoin?

Approuvez les façons originales d'intégrer ces techniques dans la vie quotidienne.

Avez-vous déjà entendu parler de l'exercice de concentration sur la flamme d'une chandelle pour se calmer?

Voici comment exécuter cet exercice :
• Allumez une chandelle, assoyez-vous sur le plancher les jambes croisées et placez une chandelle sur le plancher.
• Concentrez votre attention sur la flamme pendant quelques minutes, puis fermez les yeux et essayez de recréer l'image de la flamme dans votre esprit.
• Recommencez quelques fois.
• Vous pouvez aussi penser à un mot spécial (comme «calme» ou «paix») ou même à une expression utile (comme «je libère ma colère» ou «je libère la tension» ou «je me sens en sécurité») ou encore pensez à quelque chose d'important pour vous.

Si vous voulez accroître votre capacité de concentration mentale de cette façon mais que, pour une raison quelconque, vous ne pouvez pas utiliser de chandelle, comment pouvez-vous faire cet exercice?

Ce sont de très bonnes idées. Comme beaucoup de choses que vous allez rencontrer pendant votre rétablissement, vous allez certainement entendre parler d'une idée puis l'utiliser à votre façon. Comme ça, cette idée devient vôtre.

Par exemple, un chercheur du Centre de toxicomanie et de santé mentale a eu une idée. Il cherchait à atteindre un but personnel difficile. Il a donc pris une lampe de poche bon marché et un bout de papier, sur lequel il a écrit en trois mots l'objectif qu'il voulait atteindre. Ensuite, il a fixé le papier sur la lampe de poche à l'aide d'élastiques. Tous les soirs avant d'aller au lit, il s'est assis dans une pièce sombre, a allumé la lampe de poche et s'est concentré sur les trois mots en respirant lentement 20 fois. Puis il a éteint la lampe de poche et essayé d'imaginer la lumière dans son esprit. Il a répété l'exercice trois fois chaque soir. Savez-vous ce qui est arrivé?

Audiocassette

Vous avez peut-être entendu parler de cassettes de relaxation. Prenons quelques minutes pour écouter une de ces cassettes.

Il y a beaucoup de cassettes de ce genre sur le marché. Magasinez un peu pour trouver une cassette que vous aimez. Passons maintenant à votre propre plan de rétablissement et à la façon de changer votre vie quotidienne pour répondre à vos besoins.

Par exemple, si vous voulez écouter une cassette comme celle-ci, mais que vous vivez avec d'autres personnes dans une maison ou dans un appartement, comment pouvez-vous écouter la cassette quand même et apprendre à relaxer?

Faites jouer une cassette pendant quelques minutes.

Quelqu'un mentionnera probablement l'usage d'écouteurs. D'autres exemples possibles : écouter la cassette quand il n'y a personne autour; écouter la cassette avec les gens avec qui vous vivez; demander aux autres de vous donner la possibilité d'écouter la cassette seul.

Récapitulation

Qu'est-ce que vous avez découvert aujourd'hui au sujet de la relaxation?

Voici ce que nous avons découvert :
a) Même chez les gens qui sont abstinents depuis des années, le stress intense fait partie de leur vie.
b) Les techniques de relaxation peuvent vous aider énormément à réduire le stress.
c) Non seulement pouvez-vous modifier des techniques de relaxation comme vous le voulez, mais vous pouvez aussi adapter d'autres idées sur le rétablissement à votre vie de tous les jours.
d) Vous pouvez faire certains exercices de relaxation vous-même.

INTRODUCTION ^AU^ RÉTABLISSEMENT

La spiritualité

LA SPIRITUALITÉ

LISTE DE CONTRÔLE ET INFORMATION À L'INTENTION DE L'ANIMATEUR

Avant de commencer, vérifiez si vous avez :

• les transparents

    1. AA, NA et CA sont des organismes spirituels mais non pas religieux

    2. Différences entre la religion et la spiritualité

    3. Un jardin d'enfants spirituel

    4. Madonna, « Nous vivons dans un monde matérialiste »

    5. Qu'est-ce que la spiritualité?

    6. Où retrouver la spiritualité...

    7. Où retrouver la spiritualité...

    8. Le rétablissement et la spiritualité

Matériel audiovisuel requis :

• rétroprojecteur et écran

• tableau blanc et marqueurs

But du module :

Présenter aux membres du groupe les principes de base de la spiritualité.

Objectifs :

1. Donner de l'information sur les avantages des aspects spirituels du rétablissement

2. Favoriser la participation à cette séance pour amener les gens à commencer à penser à la spiritualité et à la place qu'elle occupe dans le rétablissement

3. Encourager les clients à faire part de leurs expériences, de leurs idées et de leurs attitudes à l'égard de la spiritualité, et les soutenir dans leurs efforts

4. Comprendre les différences qui existent entre la spiritualité et la religion.

Considérations spéciales :

• Si un client se plaint du sujet, insistez sur le fait que le but de cette séance n'est pas de critiquer. Expliquez que vous voulez encourager les gens à apprendre du nouveau.

• Il est possible que certains clients aient eu de mauvaises expériences avec la religion ou qu'ils attribuent certains de leurs problèmes à des causes religieuses. Dans ces cas, validez leurs expériences ou leur point de vue et expliquez-leur que l'ensemble de nos expériences forment notre «moi spirituel». Ajoutez que, s'ils participent à la séance d'aujourd'hui, ils comprendront probablement mieux leurs mauvaises expériences du passé.

• Soyez très conscient de vos propres préjugés et acceptez de présenter le contenu de ce module avec objectivité et assurance.

REMARQUE : Le scénario du module et le matériel à couvrir pendant la séance de groupe sont écrits en caractères ordinaires. Les instructions données à l'animateur sont écrites en **caractères gras**.

Démarrage
Commencez toujours chaque séance par les points suivants :

Normes de groupe
- Il faut arriver à l'heure.
- Il est interdit de manger ou de boire pendant les séances de groupe.
- Les membres du groupe doivent s'asseoir en demi-cercle autour du tableau blanc.
- À l'exception des pauses prévues pour aller à la toilette, les personnes qui désirent quitter le groupe doivent tout d'abord demander la permission à l'animateur.
- Les commentaires donnés aux autres membres du groupe doivent porter strictement sur ce qui a été dit. Prière de ne pas donner de conseils ou de passer de jugement.
- Une seule personne à la fois peut parler.
- Avez-vous des suggestions pour la séance d'aujourd'hui?   **Demandez aux participants.**

Comment ça va aujourd'hui?   **Demandez à chaque membre du groupe.**

Avez-vous des points à soulever au sujet du centre de désintoxication?

Introduction

Le but premier du programme *Introduction au rétablissement* est de présenter et d'échanger de l'information qui vous aidera à apporter des changements éclairés à votre mode de vie et qui vous familiarisera avec la notion de groupe en vue d'un traitement continu.

La séance d'aujourd'hui a pour but de discuter de la spiritualité et de la place qu'elle occupe dans le rétablissement et par rapport aux normes sociales. Beaucoup de gens considèrent la spiritualité comme un élément important du rétablissement.

Aujourd'hui, nous allons examiner les points suivants :
- Ce que la spiritualité est et ce qu'elle n'est pas
- La différence qui existe entre la spiritualité et la religion
- Pourquoi autant de gens en rétablissement considèrent la spiritualité comme une partie importante de leur cheminement.

Séance

Quelques remarques au sujet de la séance d'aujourd'hui :

Habituellement au cours d'une séance, nous demandons à une personne de dire ce qu'elle pense sur un sujet donné. Mais aujourd'hui, parce que nous allons parler de spiritualité et que la spiritualité est très personnelle et individuelle, nous allons attendre que les gens parlent de leur propre gré. Je ne vais pas demander à personne de parler. Si vous avez quelque chose à dire, n'hésitez pas à prendre la parole!

J'espère que beaucoup d'entre vous allez participer à la séance d'aujourd'hui.

Pour ceux d'entre vous qui éprouvent réellement de la difficulté à discuter de la spiritualité, je vous demande de garder l'esprit ouvert et d'au moins écouter ce que nous avons à dire. Certaines personnes se servent de la religion et de la spiritualité pour montrer qu'elles sont meilleures que les autres. Ce n'est pas vraiment ce que nous voulons faire ici. Établissons une règle dès maintenant : pas de comparaisons personnelles. C'est une règle très valable en tout temps, et particulièrement valable pour notre discussion d'aujourd'hui.

Nous avons conçu le module sur la spiritualité pour rendre le sujet accessible à tout le monde, même aux athées. La séance d'aujourd'hui n'a pas pour but de vous dire ce que vous devriez faire. Nous voulons plutôt discuter de ce que d'autres personnes ont à dire au sujet de la spiritualité et du rétablissement.

(C'est une bonne idée d'expliquer les termes «athée» et «agnostique»).

Je vous fais dès maintenant une promesse : nous n'allons pas essayer de vous convaincre d'accepter ou de rejeter la spiritualité. Nous allons simplement vous dire ce que d'autres gens ont dit sur le sujet.

Pourquoi consacrons-nous une séance entière à la spiritualité? Parce que presque tout le monde qui suit un traitement pour une dépendance considère la spiritualité - peu importe la façon dont vous la percevez - comme une composante importante du rétablissement.

Vous remarquerez que je dis bien «la spiritualité - peu importe la façon dont vous la percevez». Je dis cela parce que le choix de vos propres concepts de la spiritualité constitue une approche solide et éprouvée au traitement et au rétablissement. Il y avait parmi les premiers membres des AA des athées et des agnostiques. Ils ont aidé Bill W. et Dr Bob à mettre les AA sur pied et ils ont insisté pour que cette approche à la spiritualité soit adoptée.

Si bien que, dès le début des AA, tout était organisé pour que même les gens qui détestaient la religion désirent rester dans le groupe et se sentent à l'aise de recevoir ce genre d'aide pour parvenir à la sobriété. Nous savons aussi que des milliers d'athées et d'agnostiques se sentent à l'aise de participer à des groupes de AA et d'autres groupes d'intervention en 12 étapes. Certaines personnes sont également passées de leur propre spiritualité à la religion.

Vous remarquerez que j'ai mentionné et la religion et la spiritualité. Commençons par examiner les différences qui existent entre la religion et la spiritualité.

Montrez le transparent n° 1 (AA, NA et CA sont des organismes spirituels, mais non pas religieux)

Qu'est-ce que vous pensez de ça? Selon vous, quelle est la différence entre la religion et la spiritualité dans un programme de 12 étapes?

Résumez les bonnes idées sur le tableau blanc. (Réservez de l'espace sur le tableau blanc pour plus tard.)

Si un participant est hostile ou très négatif, dites-lui : «Je suis certain que vous avez de bonnes raisons de dire cela et que bien des gens ont senti la même chose que vous à un moment donné. Voyons ce que les autres en pensent.»

Vous pouvez dire : Beaucoup de gens dans ces groupes n'appartiennent à aucune église ni à aucune religion. Les fondateurs de groupes d'intervention en 12 étapes étaient contre le fait d'établir un lien entre la sobriété et la religion. Encore aujourd'hui, ils refusent d'établir ce lien. Ou encore, demandez : Avez-vous des exemples qui illustrent comment les groupes d'intervention en 12 étapes comme les AA et les NA séparent la religion de la spiritualité?

Voici quelques moyens d'examiner ces différences.

Montrez le transparent n° 2 (Différences entre la religion et la spiritualité).

Voyez-vous des différences entre la religion et la spiritualité ici?

La religion concerne un groupe organisé de fidèles tandis que la spiritualité correspond plutôt à la recherche individuelle d'une raison d'être et au sentiment d'être relié au monde de la nature. La spiritualité peut également amener plusieurs personnes à chercher ensemble à établir un lien avec quelque chose de plus grand qu'eux-mêmes. Quelle différence existe-t-il entre une «divinité supérieure» et une «puissance supérieure»?

Quelques exemples de bonnes réponses :
- **Habituellement, une divinité supérieure est définie et attribuée par quelqu'un d'autre, comme un dirigeant religieux.**
- **Une puissance supérieure est une puissance que vous choisissez vous-même, selon ce qui est important pour vous.**

Pour bien comprendre ces termes, donnez quelques exemples de :
- Règles religieuses (ce qui est permis et défendu de faire)
- Rôles religieux (une fonction ou position à l'intérieur d'un groupe)
- Rites religieux (cérémonies qui se déroulent en présence de fidèles)
- Relations avec les autres et ce qu'elles signifient pour vous (soin et affection entre des gens)

Voici à ce sujet quelques paroles de Bill W. Il discute ici de l'histoire des AA.

Il parle ensuite du débat qu'il y avait eu dans les premières réunions de AA sur la question de savoir s'il fallait inclure «Dieu» dans la philosophie des AA. Le groupe a décidé d'exclure «Dieu» et la «religion» et d'offrir plutôt la spiritualité. Bill W. continue en disant :

Voyez comme les objectifs des AA sont modestes. Et voyez comment ils permettent à la plupart des gens de se sentir à l'aise dans le groupe.

Maintenant, voici une autre façon de percevoir la spiritualité, mais d'un point de vue opposé.

Qu'est-ce que Madonna veut dire quand elle parle du «monde matérialiste»? Qu'est-ce que ça signifie pour vous? Quelque chose de différent?

Y en a-t-il parmi vous qui ont déjà senti que vous viviez simplement dans un monde matériel? Comment vous sentiez-vous?

Attendez les réponses du groupe et ajoutez vos commentaires si vous le désirez.

Votre vie s'est-elle améliorée? Comment s'est-elle améliorée?

Discutez des réponses du groupe.

Maintenant, voyons quelques façons que les gens emploient pour éviter de vivre uniquement dans un monde matériel.

Montrez le transparent n° 5 (Qu'est-ce que la spiritualité?)

Vous êtes-vous déjà posé ces questions? Qu'est-ce que vous pensez de ces questions? Comment les réponses à ces questions peuvent-elles contribuer au rétablissement?

Discutez des réponses.

Maintenant, examinons comment on peut savoir si on se laisse aller à notre spiritualité, par exemple, se sentir bien lorsque quelque chose de très spécial et de bon nous arrive. Ce bon sentiment à l'égard du monde et de soi-même forme une grande partie de ce que nous appelons la «spiritualité».

Montrez le transparent n° 6 (Où retrouver la spiritualité...) et examinez comment on se sent lorsque des choses spéciales comme celles-là nous arrivent - un enfant nous serre dans ses bras, un ami nous envoie une lettre, on se trouve dans un endroit très beau et très spécial.

J'espère que vous voyez maintenant que tout ce que nous avons dit au sujet de la spiritualité ne s'adresse pas «aux toxicomanes seulement». La spiritualité est pour tout le monde. Nous pourrions présenter ce module-ci n'importe où — dans des écoles, dans des classes de jeunes ou même dans des classes d'adultes.

Le sujet de la spiritualité ressemble à bien d'autres sujets que nous traitons en groupe parce que tout le monde — jeunes ou vieux, riches ou pauvres, beaux ou laids — a besoin de travailler sur certains aspects de la vie comme, par exemple, le mieux-être, la nutrition et la relaxation.

Croyez-le ou non, mais moi aussi je dois encore travailler sur ces aspects-là de ma vie.

Si vous le voulez, dites comment vous, comme tout le monde, devez travailler sur certains aspects de la vie comme une bonne alimentation, une bonne santé, suffisamment de sommeil, faire attention au déni et se donner suffisamment de temps pour la relaxation.

Comment savez-vous que vous faites ces choses-là correctement? Je vous suggère de porter attention à ce que vous ressentez intrieurement lorsque vous êtes en sécurité et en santé. Et travaillez fort pour rester en sécurité et en santé.

Voici un bon test que tout le monde peut faire pour savoir si ce que nous faisons est bon pour nous ou pour notre santé et notre mieux-être. C'est un test facile : il suffit de se regarder dans le miroir!

S'il y a quelque chose qui vous porte à ne pas vous aimer ou qui n'est pas bon pour votre santé, vous le verrez dans votre apparence! Ce test nous est donné par Bill W.

Montrez le transparent n° 7 (Où retrouver la spiritualité...)

Voici quelques façons qui amènent les gens à se sentir mieux dans leur peau grâce à la spiritualité.

«Trouver un sens à la vie» — Comment cela peut-il aider monsieur ou madame tout le monde dans sa vie de tous les jours?

Aujourd'hui, notre dernier transparent nous montre comment la spiritualité peut aider les gens à passer de sentiments négatifs à des sentiments plus positifs.

Récapitulation

Qu'est-ce que nous avons découvert aujourd'hui au sujet de la spiritualité?

Discutez des réponses du groupe. Résumez les bonnes réponses en quelques mots et ajoutez les points suivants s'ils n'ont pas été mentionnés :

Nous avons appris :

1. Pourquoi les gens qui suivent un traitement pour des toxicomanies s'entendent pour dire que la spiritualité est cruciale au rétablissement.
2. Les différences qui existent entre la religion et la spiritualité.
3. À reconnaître qu'une bonne spiritualité nous aide : à donner un sens à notre vie; à nous sentir bien dans notre peau et avec les autres; à nous sentir liés à d'autres gens et à la nature; et à nous sentir en sécurité et en santé.

Nous savons que certaines personnes ne se sentent pas à l'aise avec la spiritualité. Si c'est votre cas, comment vous sentez-vous présentement?

Répondez en conséquence.

«AA, NA et CA sont des organismes spirituels, mais non pas religieux.»

Qu'est-ce que ça veut dire?

Différences qui existent entre la religion et la spiritualité

Religion

Groupe formel et organisé qui vénère une ou plusieurs divinités supérieures.

Règles, **R**ôles et **R**ites

Spiritualité

Une recherche individuelle de valeurs personnelles, du sens de la vie et des événements dans notre vie

Liens avec les autres : leur qualité et ce qu'ils signifient pour vous

Adapté de : Joachim, Kitty. (1988) *Spirituality and Chemical Dependency: Guidelines for Treatment.* Oxford MI: The Oxford Institute.

Un jardin d'enfants spirituel

«Nous sommes simplement un jardin d'enfants spirituel dans lequel les gens ont la possibilité d'arrêter de boire et... de mieux vivre.»

«Chaque voix jouait son rôle. Nos athées et nos agnostiques ont élargi notre porte d'entrée, de sorte que tous ceux qui souffraient pouvaient dorénavant entrer, sans égard à leurs croyances ou à leur manque de croyances.»

Adapté de : W. Bill. (1984). *Réflexions de Bill : Le mode de vie des AA..Recueil de textes écrits par le co- fondateur des AA*. New York: Alcoholics Anonymous World Services Inc.

... Nous vivons dans

un monde matérialiste

Remerciements à Madonna

Qu'est-ce que la spiritualité?

La spiritualité est la quête de réponses aux questions suivantes :

«Qui suis-je?»

«Quel est le sens de ma vie?»

«Si le matérialisme disparaît complètement, que vaut ma propre vie?»

Adapté de : Baket, T. *Understanding the Spiritual Nature of Addiction*.

Où retrouver la spiritualité...

1. Le bien-être extraordinaire que l'on ressent :

- lorsqu'un enfant nous serre dans ses bras

- lorsqu'on reçoit une lettre inattendue d'un ami

- lorsqu'on voit un magnifique coucher de soleil ou qu'on se retrouve dans un beau parc tranquille ou dans la nature.

Adapté de : Harrison, J & Burnard, P. (1993). *Spirituality and Nursing Practice*.

Où retrouver la spiritualité...

2. Quelques façons de penser :

- trouver un sens à la vie

- avoir confiance en soi et faire confiance aux autres

- s'aimer soi-même et aimer les autres

- espoir

- pardon

- pour certains, un rapport avec une puissance supérieure.

Adapté de : Harrison, J & Burnard, P. (1993). *Spirituality and Nursing Practice*

Le rétablissement et la spiritualité

Passer :

de la peur	→ à →	la confiance
de l'apitoiement sur soi-même	→ à →	la gratitude
du ressentiment	→ à →	l'acceptation
de la malhonnêteté	→ à →	l'honnêteté
de culpabilité	→ à →	pardon
du désespoir	→ à →	l'espoir

Adapté de : Joachim, Kitty. (1988) *Spirituality and Chemical Dependency: Guidelines for Treatment.* Oxford MI: The Oxford Institute.

INTRODUCTION AU RÉTABLISSEMENT

Les soins continus

LES SOINS CONTINUS

LISTE DE CONTRÔLE ET INFORMATION À L'INTENTION DE L'ANIMATEUR

Avant de commencer, vérifiez si vous avez :

• les transparents
  1. Le continuum de soins aux toxicomanes
  2. Types de programmes dans le continuum de soins aux toxicomanes
  3. Critères d'admissibilité : centres de gestion du sevrage
  4. Critères d'admissibilité : programmes en consultation externe
  5. Critères d'admissibilité : traitement en établissement
  6. Services sociaux généraux (2)
• les feuilles de travail intitulées «Aide dans la communauté» et crayons pour tous les membres du groupe.

Matériel audiovisuel requis :

• rétroprojecteur et écran
• tableau blanc et marqueurs

But du module :

Faire comprendre aux participants qu'il existe toute une variété de services offerts dans la communauté pour répondre aux besoins (physiques, sociaux, économiques et spirituels) des personnes en rétablissement et les renseigner sur les services généraux offerts et les moyens d'y avoir accès.

Objectifs :

1. Aider les clients à commencer à penser aux types de services dont ils auront besoin
2. Aider les clients à comprendre qu'ils devront répondre aux critères d'admissibilité pour avoir accès aux programmes et leur expliquer comment faire pour y être admissibles
3. Encourager les participants à échanger entre eux sur la question des soins continus et les soutenir dans leurs efforts.

Considérations spéciales :

• Il est possible que certains clients aient une expérience considérable des diverses composantes du continuum de soins aux toxicomanes et de services sociaux. Il se peut toutefois que leur expérience ait été passablement négative. Par conséquent, il est bon de commencer la séance en admettant que le système a des faiblesses, plutôt que d'avoir à le dire pendant que vous présentez de l'information positive.

REMARQUE : Le scénario du module et le matériel à couvrir pendant la séance de groupe sont écrits en caractères ordinaires. Les instructions données à l'animateur sont écrites en **caractères gras.**

Démarrage

Commencez toujours chaque séance par les points suivants :

Normes de groupe

• Il faut arriver à l'heure.

• Il est interdit de manger ou de boire pendant les séances de groupe.

• Les membres du groupe doivent s'asseoir en demi-cercle autour du
tableau blanc.

• À l'exception des pauses prévues pour aller à la toilette, les personnes
qui désirent quitter le groupe doivent tout d'abord demander la
permission à l'animateur.

• Les commentaires donnés aux autres membres du groupe doivent
porter strictement sur ce qui a été dit. Prière de ne pas donner de
conseils ou de passer de jugement.

• Une seule personne à la fois peut parler.

• Avez-vous des suggestions pour la séance d'aujourd'hui?

Comment ça va aujourd'hui?   **Demandez aux participants.**

Avez-vous des points à soulever au sujet du centre de désintoxication?   **Demandez à chaque membre du groupe.**

Introduction

Le but premier du programme *Introduction au rétablissement* est de
présenter et d'échanger de l'information qui vous aidera à apporter des
changements éclairés à votre mode de vie et qui vous familiarisera avec
la notion de groupe en vue d'un traitement continu.

Cette séance sur les soins continus porte sur les types d'aide qui vous
sont offerts lorsque vous êtes en début de rétablissement et vous
explique comment y avoir accès.

Séance

Aujourd'hui, nous voulons :

1. comprendre les types de services offerts aux personnes
   en rétablissement
2. établir les différences qui existent parmi les services pour que vous
   puissiez commencer à réfléchir aux services qui vous conviennent
3. apprendre à penser comment vous rendre admissible aux services que
   vous désirez obtenir
4. entendre ce que d'autres ont à dire ici au sujet de leur rétablissement,
   parce qu'ils ont peut- être de bonnes idées qui peuvent vous aider.

Aujourd'hui, nous allons commencer par remplir un formulaire qui nous aidera à penser aux services dont nous aurons besoin si nous voulons poursuivre notre rétablissement.

Écrivez dans les espaces libres les services dont vous pensez avoir besoin plus tard pour poursuivre votre rétablissement.

Maintenant, discutons de ce que chacun de vous a écrit. Qui veut bien commencer?

Distribuez la feuille de travail «Aide dans la collectivité» et un crayon à tous les membres du groupe.

Maintenant, voici un aperçu de ce qui est offert aux personnes qui se rétablissent d'une dépendance.

Lorsqu'on travaille tous les jours avec des gens qui commencent leur rétablissement, deux systèmes de services nous sont familiers.

Premièrement, il y a les services conçus spécialement pour les personnes qui ont des toxicomanies. Pouvez-vous donner quelques exemples de ces services?

Deuxièmement, vous aurez fort probablement besoin des services sociaux généraux - c'est-à-dire des services accessibles à tout le monde qui a besoin d'aide. Pouvez-vous nommer quelques-uns des services sociaux généraux?

En fait, pourquoi suivons-nous un traitement? Pourquoi ne pourrions-nous pas tout bonnement sortir d'ici et rester sobres?

Si vous voulez suivre un traitement et si vous en avez besoin, comment choisir le programme de traitement qui vous convient le mieux?

Lorsque vous avez choisi le programme que vous voulez, comment faire pour vous y faire accepter?

Vous devez répondre aux critères d'admissibilité du programme. Autrement dit, il est inutile de suivre un programme de traitement qui ne répond pas à vos besoins. Les points suivants, entre autres, détermineront si un programme vous convient :
• depuis combien de temps vous êtes abstinent
• votre désir et votre motivation d'apporter des changements à votre mode de vie
• le soutien que vous avez
• votre admissibilité à certains programmes
• les services que les programmes peuvent vous offrir.

Qu'est-ce qui pourrait vous empêcher de suivre le programme de traitement que vous désirez?

- ne pas avoir arrêté de prendre de l'alcool ou de la drogue depuis assez longtemps
- ne pas avoir une situation de vie sécuritaire ou ne pas avoir suffisamment de soutien d'autres personnes pour vous aider dans votre rétablissement
- il n'y a plus de place disponible dans le programme
- vous ne répondez pas aux critères d'admissibilité du programme.

Vous remarquerez que les six composantes peuvent toutes être reliées aux 12 étapes.

Vous remarquerez aussi qu'il est possible de passer d'une composante à l'autre. Il y a deux grandes raisons à cela :

1. Il est possible que le type de traitement que vous commencez ne vous convienne pas, auquel cas vous devrez rajuster votre objectif (p. ex. vous commencez un traitement en consultation externe et découvrez que vous avez besoin d'un plus grand soutien). C'est ce que l'on appelle un modèle de soins échelonnés (où vous commencez par recevoir les soins les moins importuns)

2. Il faut avoir de la souplesse en ce qui concerne les rechutes (p. ex. si, à tout moment dans le continuum de soins, une personne rechute, elle peut avoir besoin d'être dirigée vers la désintoxication ou vers une réévaluation).

Dans ce transparent, le continuum de soins est présenté en fonction de groupes cibles précis. Ces programmes ne sont pas tous offerts dans toutes les collectivités.

Pouvez-vous nommer certains programmes précis qui correspondent aux types présentés ici? Par exemple, savez-vous s'il y a des programmes pour les jeunes offerts ici dans notre collectivité?

Examinons maintenant certains critères d'admissibilité généraux.

Jusqu'à maintenant, nous avons discuté d'un type de service pour les personnes en rétablissement : les programmes de traitement.

Examinons maintenant le contexte plus vaste — les services qui existent en plus du soutien donné par le système de soins aux toxicomanes.

Vous souvenez-vous que j'ai mentionné plus tôt que les services sociaux sont offerts à tout le monde - c'est-à-dire aussi bien aux personnes qui ont des problèmes de dépendance qu'aux personnes qui n'en ont pas? Examinons de plus près certains de ces services généraux.

Vous avez ici une liste des services sociaux généraux offerts dans la plupart des collectivités. Comme les services destinés au soin des toxicomanes, les services sociaux généraux peuvent varier d'un endroit à l'autre. Quelqu'un a-t-il déjà eu une expérience positive avec ces services sociaux généraux?

Récapitulation

Qu'est-ce que nous avons découvert aujourd'hui au sujet des soins continus qui sont offerts aux personnes en rétablissement?

Voici un moyen de savoir si vous avez appris quelque chose de nouveau aujourd'hui. Examinez la feuille de travail que vous avez remplie plus tôt (Aide dans la collectivité) et voyez si vous pouvez maintenant ajouter d'autres types d'assistance.

Vous voyez que vous connaissez mieux le système de soins continus? Quels nouveaux points avez-vous ajoutés?

Excellent, c'est tout pour aujourd'hui. Nous espérons que ceux d'entre vous qui réussirez à accéder à certains des services que nous avons mentionnés aujourd'hui aurez une histoire réellement inspirante à nous raconter.

Le continuum de soins aux toxicomanes

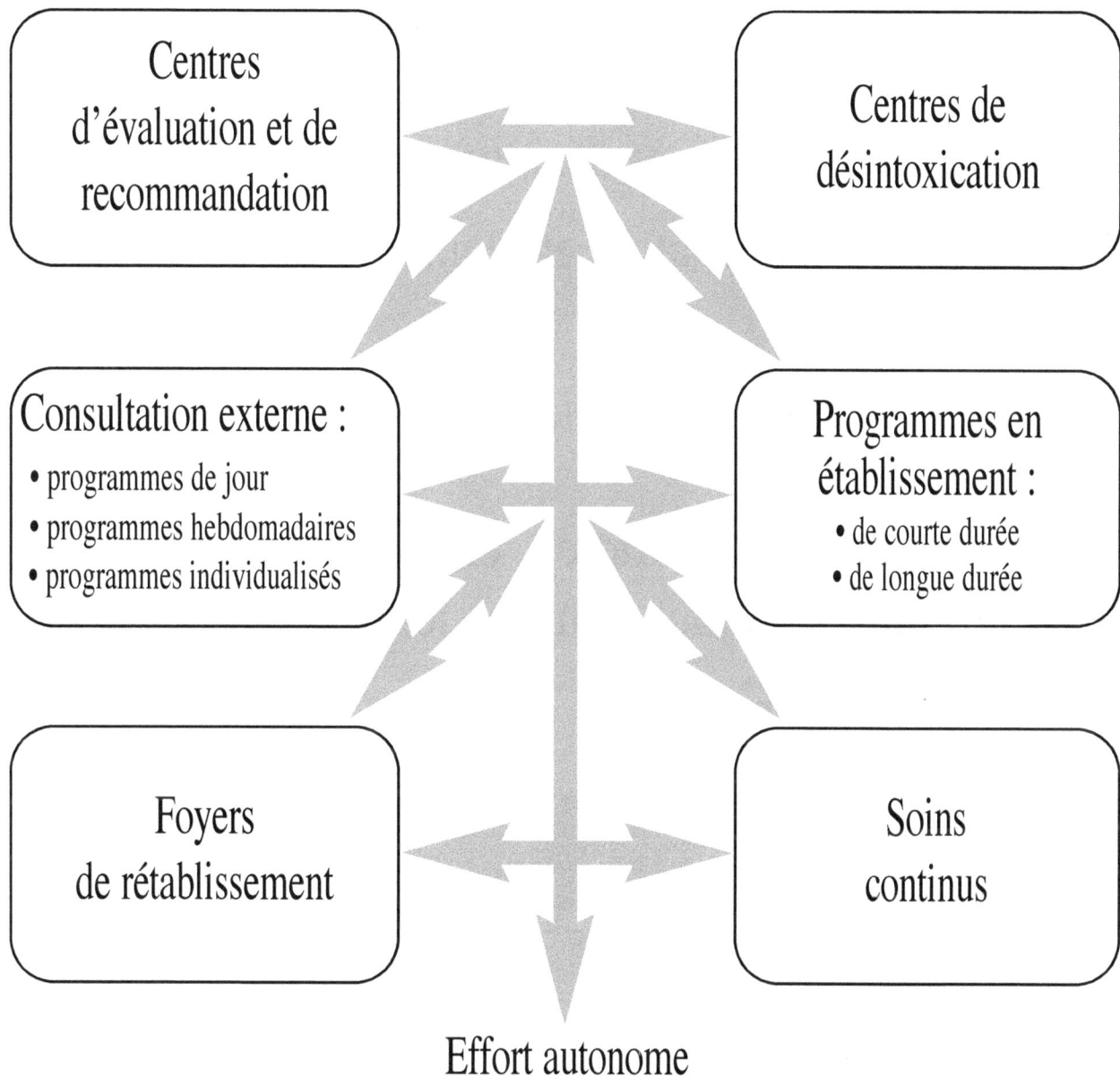

Centres
d'évaluation et de
recommandation

Centres de
désintoxication

Consultation externe :
• programmes de jour
• programmes hebdomadaires
• programmes individualisés

Programmes en
établissement :
• de courte durée
• de longue durée

Foyers
de rétablissement

Soins
continus

Effort autonome

REMARQUE : l'entrée dans le continuum peut se faire à tout point autre que celui des soins continus. Les points d'entrée les plus fréquents sont les centres de désintoxication et les centres d'évaluation et de recommandation.

Types précis de programmes dans le continuum de soins aux toxicomanes

1 gestion du sevrage et désintoxication

2 évaluation, stabilisation et planification du traitement

3 counseling :

  a) counseling hebdomadaire, une à trois fois par semaine

  b) counseling quotidien, cinq jours par semaine

4 programmes de jour pour les jeunes

5 soutien à la famille

6 établissements ou traitement en établissement pour :

  - les hommes et les jeunes hommes
  - les personnes âgées
  - les femmes et les jeunes femmes
  - les jeunes contrevenants
  - les jeunes seulement

7 assistance post-cure

Exemple de critères d'admissibilité

Centres de gestion du sevrage :

- en état d'intoxication ou en sevrage

- requiert une surveillance de 24 heures des symptômes du sevrage

- n'a pas besoin de soins médicaux immédiats

- se comporte correctement (p. ex. non violent)

- médicaments convenables (p. ex. ne créent pas d'accoutumance)

Adapté de : Comité directeur chargé du rétablissement de la santé. (1997). Critères d'admissibilité et de congé.

Exemple de critères d'admissibilité

Programmes en consultation externe :

- ne prend pas de drogues ou en fait un usage limité convenable selon le type de traitement

- aucun problème psychiatrique qui pourrait nuire au traitement

- l'évaluation indique que la personne a besoin d'apprendre à résoudre des problèmes ou à développer une autonomie foctionnelle

- le client veut réellement atteindre ses objectifs de traitement

- l'évaluation indique une dépendance modérée

- la personne vit dans un milieu convenable

- la personne peut se rendre aux rendez-vous fixés

Adapté de : Comité directeur chargé du rétablissement de la santé. (1997). Critères d'admissibilité et de congé.

Exemple de critères d'admissibilité

Traitement en établissement :

- le client s'est abstenu de prendre de l'alcool ou de la drogue pour une période convenable (selon la drogue)

- le client n'a pas besoin de surveillance médicale dans son traitement

- le client veut réellement atteindre ses objectifs de traitement

- l'évaluation indique une forte dépendance

- le client a besoin d'avoir accès 24 heures par jour à un milieu qui lui donne un soutien

- les obstacles au traitement ont été éliminés

Adapté de : Comité directeur chargé du rétablissement de la santé. (1997). Critères d'admissibilité et de congé.

Services sociaux généraux 1
(Ne sont pas énumérés par ordre d'importance)

1 Assistance sociale

EXEMPLE : une travailleuse sociale ou un chargé de cas assure les services de bien-être ou d'autres formes d'assistance et coordonne les autres services énumérés ci-dessous

2 Counseling financier

EXEMPLE : pour régler les dettes en souffrance

3 Clinique de santé mentale

EXEMPLE : pour régler les problèmes d'agression sexuelle

4 Éducation parentale

EXEMPLE : l'acquisition d'habiletés pour devenir un meilleur père ou une meilleure mère pour vos enfants et aide pour avoir accès à vos enfants

5 Éducation (alphabétisation, diplôme d'études secondaires, counseling professionnel, écoles de métiers, collèges communautaires, universités) pour les études à temps partiel ou à temps plein

EXEMPLE : diplôme d'équivalence aux études secondaires; programme donnant droit à un certificat en finances, en informatique, en aménagement paysager; tout métier ou profession; diplôme universitaire

Services sociaux généraux 2

6 Logement/Abri

7 Loisirs

EXEMPLE : devenez plus actif dans vos temps libres (sports, passe-temps, autres activités que vous aimez et qui ne font pas appel à l'usage de drogue)

8 Services juridiques

EXEMPLE : John Howard Society, Elizabeth Fry Society, aide juridique.

9 Cours de croissance personnelle

EXEMPLE : cours d'affirmation de soi, programmes de maîtrise de la colère, cours de relaxation et de réduction du stress, formation en communication.

Aide offerte dans la collectivité

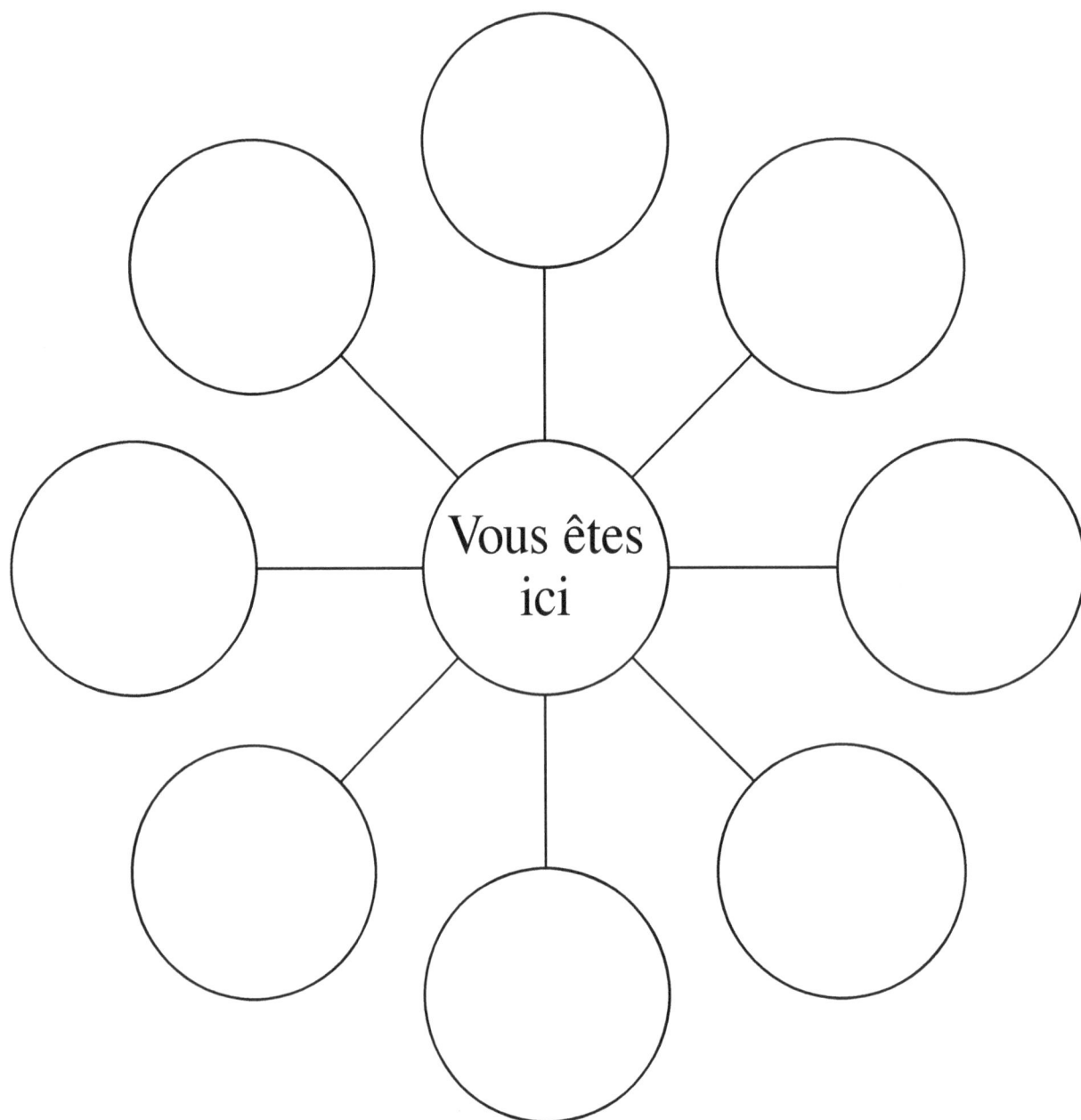

Vous êtes ici

INTRODUCTION AU RÉTABLISSEMENT

Le déni

LE DÉNI

LISTE DE CONTRÔLE ET INFORMATION À L'INTENTION DE L'ANIMATEUR

Avant de commencer, vérifiez si vous avez :
- les transparents
  1. Citation de Scarlett O'Hara
  2. Couches de déni
  3. Exemples de déni dans la vie courante et chez les toxicomanes

Matériel audiovisuel requis :
- rétroprojecteur et écran
- tableau blanc et marqueurs

But du module :

Donner une vue d'ensemble du concept du déni et de son rôle dans la vie quotidienne des personnes qui n'ont pas de dépendance et des personnes qui sont sur la voie du rétablissement.

Objectifs :

1. Définir le déni
2. Encourager les participants à échanger au sujet du déni et de son rôle dans leur vie et dans la vie des personnes qui n'ont pas de dépendance, et les soutenir dans leurs efforts.

Considérations spéciales :

- Certains des membres du groupe trouveront peut-être que la dénégation est un sujet plutôt accusatoire ou même inutile. Acceptez la validité de leur perception mais insistez aussi sur l'importance de comprendre le processus du déni.

REMARQUE : Le scénario du module et le matériel à couvrir pendant la séance de groupe sont indiqués en caractères ordinaires. Les instructions données à l'animateur sont écrites en **caractères gras.**

Démarrage
Commencez toujours chaque séance par les points suivants :

Normes de groupe
- Il faut arriver à l'heure.
- Il est interdit de manger ou de boire pendant les séances de groupe.
- Les membres du groupe doivent s'asseoir en demi-cercle autour du tableau blanc.
- À l'exception des pauses prévues pour aller à la toilette, les personnes qui désirent quitter le groupe doivent tout d'abord demander la permission à l'animateur.
- Les commentaires donnés aux autres membres du groupe doivent porter strictement sur ce qui a été dit. Prière de ne pas donner de conseils ou de passer de jugement.
- Une seule personne à la fois peut parler.
- Avez-vous des suggestions pour la séance d'aujourd'hui?   **Demandez aux participants.**

Comment ça va aujourd'hui?   **Demandez à chaque membre du groupe.**

Avez-vous des points à soulever au sujet du centre de désintoxication?

Introduction

Le but premier du programme *Introduction au rétablissement* est de présenter et d'échanger de l'information qui vous aidera à apporter des changements éclairés à votre mode de vie et qui vous familiarisera avec la notion de groupe en vue d'un traitement continu.

Cette session sur le déni a pour but de discuter de ce concept et de ce qu'il signifie dans la vie de tous les jours et chez les toxicomanes.

Séance

Quelqu'un ici a-t-il déjà entendu le mot «déni»? Dans quel contexte ce mot était-il utilisé?

Encouragez les clients à raconter leurs expériences.

Aujourd'hui, nous allons étudier ce qu'est le déni et sa manifestation dans la vie de tous : que l'on se drogue ou non, que l'on soit sobre ou toxicomane, que l'on soit jeune, d'âge moyen ou vieux.

Tôt ou tard, tout le monde fait du déni. Cependant, certaines personnes le font occasionnellement, normalement pour des choses inconséquentes, alors que d'autres nient des problèmes fondamentaux d'abus et s'infligent des torts à eux-mêmes en plus d'en infliger à leur entourage.

Parlons d'abord du déni comme tout le monde le pratique.

Voici quelques exemples :
• Lorsque les gens apprennent une nouvelle horrible ou saisissante, leur première réaction est habituellement de dire : «Oh non! Ç'est pas vrai!» ou «Je ne peux pas y croire.» Un exemple récent d'événement qui a suscité de telles réactions est la mort tragique de la princesse Diana. La réaction de la plupart des gens a été de dire : «Oh non! Ça doit être une erreur.»
• Lorsque les choses commencent à s'user et que nous attendons de les remplacer. Par exemple, on peut se dire : «Mon manteau d'hiver peut durer une autre saison.» Puis, quelques mois plus tard, le manteau commence à s'effilocher.
• Lorsque des problèmes apparaissent dans nos relations ou nos amitiés, nous pensons souvent qu'il ne s'agit que de difficultés temporaires que nous relions à une autre cause quelconque.
• Quand nous sommes fatigués, surmenés et que nous manquons d'énergie, nous nous disons que nous pourrons nous remettre pendant le week-end.

Ce sont là des exemples de dénégation dans la vie de tous les jours. Que se passe-t-il dans ces cas ?

Les gens cherchent à se protéger des dures réalités qui leur donnent le sentiment d'être à risque. Ils choisissent donc de nier qu'il y a un problème. N'oubliez pas qu'il est normal, dans les situations suivantes, de se protéger, de gagner un peu de temps en niant l'existence d'un problème :
• lorsqu'une personne que vous connaissez meurt soudainement
• lorsque vous manquez d'argent et que vous avez besoin de nouveaux vêtements

• lorsque des difficultés menacent une amitié ou une relation

• lorsque votre santé ou votre niveau d'énergie diminue et que vous
  risquez de tomber malade.

Les gens qui étudient le déni dans la vie de tous les jours croient qu'il
s'agit d'un moyen de gagner du temps et de remettre un problème à plus
tard plutôt que d'y faire face immédiatement.

Montrez le transparent n° 1 (Citation de Scarlett O'Hara)

Tout comme Scarlett O'Hara, la plupart du temps, nous pouvons
remettre les petits problèmes à plus tard. Ce genre de déni nous permet
de gagner du temps et souvent de mieux penser à notre affaire que
si nous nous empressions de tout régler aussitôt que nous entrevoyons
un problème.

Pouvez-vous penser à des occasions où vous avez utilisé le déni face à
un petit problème ?

Mais le fait de nier des problèmes de fond n'est pas sans conséquences.
Jetons un coup d'oeil sur ces conséquences.

Nous allons regarder les couches de déni que nous créons et la manière
dont elles nous empêchent de résoudre un problème.

Les «Faits» sont la réalité que l'on nie mais que tout le monde peut voir
clairement. Prenons comme exemple quelqu'un qui dit : «Je n'ai pas de
problème» quand tout le monde peut voir qu'il y a bel et bien un
problème. Quelqu'un ici peut-il donner un exemple de ce genre de
situation dans sa propre vie?

Les «Implications» font référence au fait d'admettre la réalité mais
de nier qu'elle implique l'existence d'un problème. Voici
quelques exemples :

• Oui, je bois beaucoup et je me suis fait arrêter une ou deux fois pour
  avoir conduit en état d'ivresse, mais ce n'est pas grave parce que je
  n'ai jamais fait de mal à personne.

• Oui, oui, je me pique, mais seulement avec des gens dont je sais qu'ils
  n'ont pas le SIDA, l'hépatite ou d'autres maladies. Je ne me piquerais
  pas avec n'importe qui.

• Oui, je bois plusieurs soirs chaque semaine, mais je supporte bien
  l'alcool et ça ne me dérange pas dans mon travail.

Une personne dans cette phase admet les réalités de la toxicomanie
et en admet les implications, mais nie le besoin de changer.
Par exemple, la personne pourrait dire :
• «Oui, j'ai perdu mes derniers emplois et je ne peux pas m'arrêter de
   prendre de la drogue, mais ça va aller.»

Une personne peut aussi nier sa responsabilité de changer. Elle dira,
par exemple :
• «Oui, je bois trop, mais vous ne pouvez pas me blâmer pour ce délit de
   fuite. J'étais soûl!»

Ou encore la personne nie qu'elle est capable de changer. Elle dira,
par exemple :
• «Je sais, je suis un toxicomane, mais j'ai déjà essayé plus d'une fois
   d'arrêter. Il y a toujours eu quelque chose qui s'est passé.»

Après avoir su que vous étiez toxicomane, avez-vous nié la nécessité
de changer?

Quelqu'un a-t-il nié sa responsabilité d'arrêter de boire ou de prendre
de la drogue?

Quelqu'un a-t-il nié sa capacité de changer?

Le déni des sentiments est différent des phases précédentes parce
que l'usager ne se rend pas compte qu'il nie ses sentiments. L'usager
ne se rend pas compte qu'il étouffe ses sentiments et ses souvenirs
douloureux. Mais pendant le rétablissement, ces sentiments remontent
à la surface et s'accompagnent de beaucoup de douleur, de honte
et de culpabilité. Ces sentiments peuvent engendrer chez la personne
un besoin urgent de prendre de la drogue ou de l'alcool, et elle
peut rechuter.

C'est pour cela qu'un bon groupe de soutien est très important : vous ne
savez jamais à quel moment du jour ou de la nuit ces souvenirs de honte
et de culpabilité vont refaire surface et vous accabler. Et quand ils refont
surface, il vous faut quelqu'un à qui parler.

Et au centre de toutes ces couches...

VOUS : votre véritable moi intérieur se cache ici.

Voyez-vous pourquoi on parle des «couches de déni»?

Maintenant que nous avons fait un survol des couches de déni, voyons comment elles se manifestent pour chacun de nous, que l'on soit sobre ou toxicomane.

Montrez le transparent n° 3 (Exemples de déni dans la vie de tous les jours et chez les toxicomanes). Révélez seulement les deux premières rangées du tableau : 1) «Au travail», «Avec un partenaire» et «Avec un toxicomane» et 2) «Déni des faits». Couvrez les autres rangées.

Regardons le «Déni des faits».

Ensuite, il y a le «déni des implications».

Récapitulation

Qu'avons-nous découvert au sujet du déni?

Nous avons pu découvrir que le déni est :
• une chose que tout le monde fait
• une façon de faire face aux problèmes de la vie
• une barrière importante dans le développement personnel lorsqu'on est toxicomane

«Je penserai à cela demain»

(Scarlett O'Hara dans *Autant en emporte le vent*)

Adapté de : Kearney, R. (1966). *Within the Wall of Denial: Conquering Addictive Behaviours.*

Couches de déni

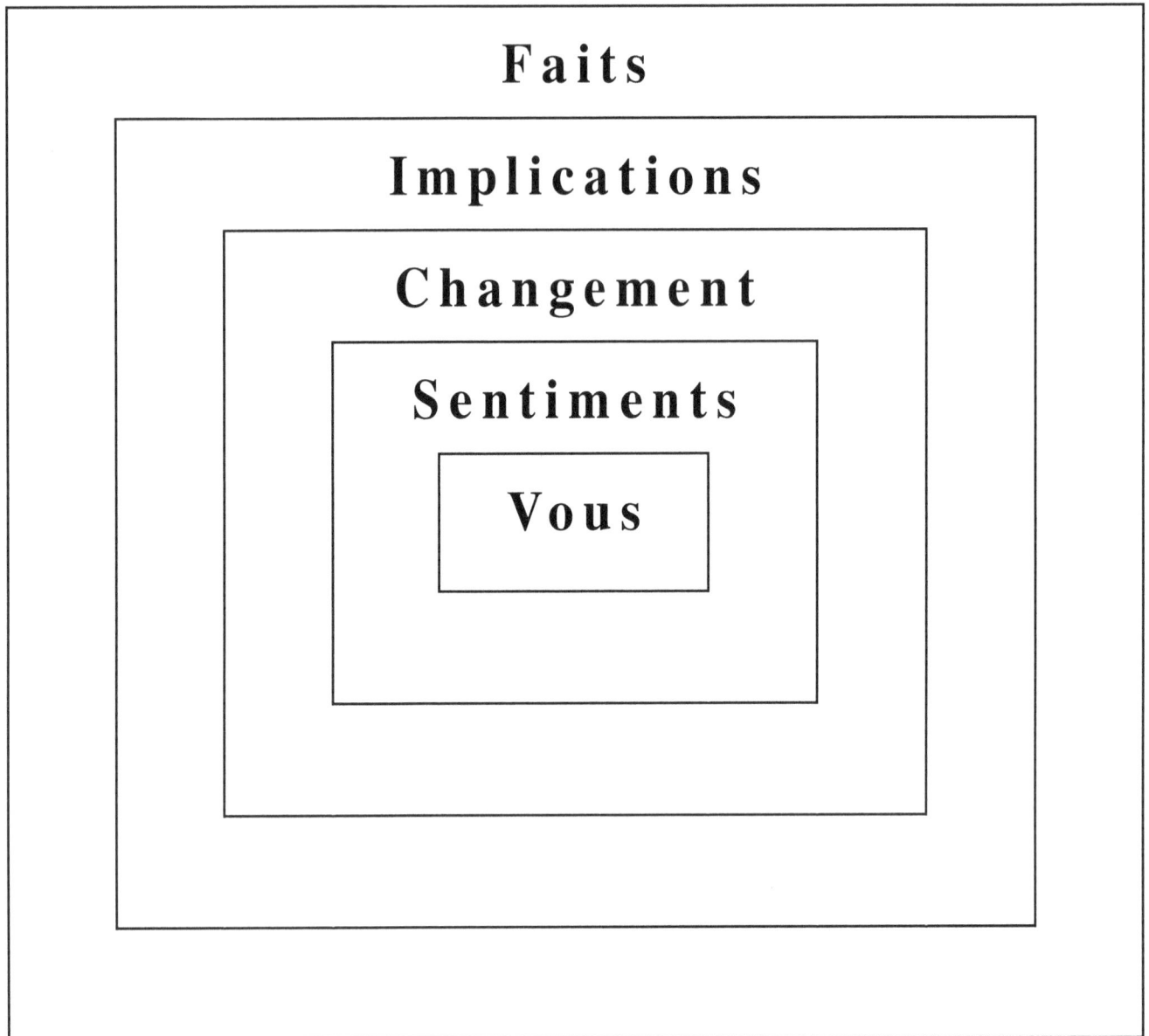

Faits
Implications
Changement
Sentiments
Vous

Adapté de : Kearney, R. (1966). *Within the Wall of Denial: Conquering Addictive Behaviours*.

Exemples de déni dans la vie de tous les jours et chez les toxicomanes

	AU TRAVAIL : *Exemple :* arrive souvent en retard au travail	**AVEC VOTRE PARTENAIRE :** *Exemple :* des altercations de plus en plus sérieuses	**AVEC UN TOXICOMANE**
DÉNI DES FAITS	«Ça arrive à tout le monde d'être en retard à l'occasion. Je ne suis pas en retard plus souvent que les autres.»	«C'est bon, ce n'est rien. Nous remettons simplement les choses au clair.»	«J'en ai trop pris (d'alcool ou de drogues) seulement deux ou trois fois.»
DÉNI DES IMPLICATIONS	«En tout cas, j'accomplis plus de travail que ceux-là qui arrivent toujours à l'heure.»	«Je sais que ses sentiments envers moi n'ont pas changé. Je le vois très bien.»	«Je vais vous donner une longue liste de personnes qui en prennent plus que moi.»
DÉNI DU CHANGEMENT	«J'ai été en retard seulement quelques fois.»	«Quand ça ira mieux au travail, il n'y aura pas autant de tension entre nous, d'accord?»	«Pourquoi en faire tout une histoire -- j'étais soûl.»
DÉNI DES SENTIMENTS	«Ça va. Ça ne me dérange pas.»	«Ça va. Ça ne me dérange pas.»	«Ça va. Ça ne me dérange pas.»

Adapté de : Kearney, R. (1966). *Within the Wall of Denial: Conquering Addictive Behaviours.*

INTRODUCTION AU RÉTABLISSEMENT

Bibliographie

BIBLIOGRAPHIE

Alcooliques anonymes. (1977) *Le Mouvement des AA devient adulte : un bref historique des AA*. New-York : Alcoholics Anonymous World Services Inc.

Alcooliques anonymes. (1976) *Alcooliques anonymes, (Troisième édition)*. New-York : Alcoholics Anonymous World Services Inc.

Association canadienne des diététistes. (1993). *Nutrition Checkup for Women* (fiche d'information).

Baker, T. (pas de date) Understanding the Spiritual Nature Of Addiction: A Guide for Clergy and Laypersons Concerned about the Nature, Diagnosis and Treatment of Addictive Disorders. Providence, R I : Manisses Communications Group, Inc. [Pas de date de publication].

Beasley, J. et Knightly, S. (1993). Food for Recovery: The Complete Nutritional Companion for Recovering from Alcoholism, Drug Addiction, and Eating Disorders. New-York : Crown Trade Paperbacks.

Biery, J.R., Williford, J.H. et McMullen, E.A. (1991). Alcohol craving in rehabilitation: assessment of nutrition therapy, *Journal of the American Dietetic Association*, 9 (4), 463-466.

Comité directeur chargé du rétablissement de la santé. (1997). Sous-comité des critères d'admission et de congé, dans un rapport présenté au Bureau ontarien de lutte contre la toxicomanie. Toronto, Queen's Park.

Coren, S. (1996). *Sleep Thieves*. New York: Free Press Paperbacks/Simon & Schuster.

Daniel, E. (1991). Nutritional implications in recovery from substance abuse. *Employee Assistance Quarterly*,7(1), 1-7.

Davis, A. (1970). *Let's Eat Right to Keep Fit*. New York: Harcourt Brace Jovanovich, Inc.

Dotto, L. (1990). *Asleep In the Fast Lanes: The Impact of Sleep on Work*. Toronto: Stoddart Publishing Co. Ltd.

Fernstrom, J. (1994). Dietary amino acids and brain function. *Journal of the American Dietetic Association*, 94(1), 71-77.

Finnegan, J. & Gray, D. (1990). *Recovery From Addiction: A Comprehensive Understanding of Substance Abuse with Nutritional Therapies for Recovering Addicts and Co-Dependents*. Berkeley, CA: Celestial Arts.

Harrison, J. & Burnard, P. (1993). *Spirituality and Nursing Practice*. Brookfield, VT: Ashgate Publishing Company.

Joachim, K. (1998). *Spirituality and Chemical Dependency: Guidelines for Treatment*. Oxford, MI: The Oxford Institute.

Kearney, R. (1996). *Within the Wall of Denial: Conquering Addictive Behaviors*. New York: W.W. Norton & Company.

Ketcham, K. & Mueller, L. (1983). *Eating Right to Stay Sober*. Seattle, WA: Madrona Publishers.

Kort, M. & Smith, S. (1993). *Arrêter de fumer : Un programme à l'intention des femmes - Guide de l'animateur.* Toronto, Fondation de la recherche sur la toxicomanie

Larson, J. (1992). *Alcoholism: The Biochemical Connection.* New York: Villard Books.

Marsano, L. (1993). Alcohol and malnutrition. *Alcohol Health & Research World,* 17(14), 284- 291.

Ministère de la Santé de la Colombie Britannique. (1992). *Choosing Wellness* (brochure). Vancouver.

Mish, F. (Ed.). (1985). *Webster's Ninth New International Dictionary.* Springfield, MA: Merriam-Webster Inc.

Office de commercialisation du lait. (1990). Fiches d'information.

Prochaska, J., DiClemente, C. & Norcross, J. (1992). In search of how people Change: Applications to addictive behaviors. *American Psychologist,* 47(9), 1102-1114.

Rees, A. & Willey, C. (Eds.).(1993). *Personal Health Reporter.* Washington, DC: Gale Research Inc.

Shulman, L. (1979). *The Skills of Helping Individuals and Groups.* Itasca. IL: F.E. Peacock Publishers, Inc.

W., Bill. (1984). *Réflexions de Bill : Le mode de vie des AA. Recueil de textes écrits par le co-fondateur des AA.* New York: Alcoholics Anonymous World Services Inc.

W., Bill. (1996). *Les douze étapes et les douze traditions.* New York: Alcoholics Anonymous World Services Inc.

Wesson, D. (Consensus Panel Chair). (1995). *Detoxification From Alcohol and Other Drugs* (Treatment Improvement Protocol Tip Series /19). Rockville, MD: U.S. Department of Health and Human Services.

Annexe A :
Vidéos suggérés

ANNEXE A :

BANDES VIDÉO

Les vidéos qui apparaissent ci-dessous constituent une ressource additionnelle utile pour l'animation des groupes en début de rétablissement. Selon le profil de votre clientèle et les aspects fonctionnels de votre programme, les vidéos pourraient accompagner ou même remplacer le matériel des modules. Dans certains cas, selon le groupe de clients, vous pouvez déterminer que le visionnement d'un vidéo suivi d'une discussion du contenu est un moyen plus efficace de présenter le matériel à votre groupe. Si vous décidez d'utiliser un vidéo conjointement avec le matériel du module (tout dépendant du temps), vous pourriez choisir de présenter le matériel du module un jour puis de visionner le vidéo approprié plus tard dans la journée ou le lendemain.

Toutefois, comme nous l'avons exprimé dans ce guide, nous avons constaté que l'utilisation des vidéos sur une base régulière, à elle seule, ne favorise pas suffisamment d'interaction pour amener les clients en début de rétablissement à profiter pleinement des séances et du groupe.

LE BURN-OUT... UNE ILLUSTRATION CLINIQUE

SUJET : *Le stress, ses sources et sa gestion*
V-120, 24 min., 1987
Auteur : Léon-Maurice Larouche
Réalisateur : Pierre H. Tremblay et Richard Martin
Producteur : CECOM et le Pavillon Albert-Prévost de
l'Hôpital Sacré-Cœur de Montréal
Distributeur : CECOM (514) 328-3503 et
fax (514) 323-4163

Ce document vidéo offre un outil d'enseignement et d'information sur le burn-out. Depuis les écrits de Hubert Freudenberger, on utilise le burn-out pour décrire le syndrome d'épuisement professionnel. Un burn-out peut évoluer sur plusieurs années en quatre phases principales : idéalisation, stagnation, désillusion et démoralisation. Par une illustration clinique le document vidéo décrit les facteurs de personnalité, les principaux signes et symptômes apparaissant au cours de chacune de ces phases et les différentes approches thérapeutiques du burn-out. On aborde aussi la prévention en identifiant les personnes qui peuvent jouer un rôle et en précisant leur contribution respective.

LE TEMPS COURT

SUJET : *Le stress, ses sources et sa gestion*
V-368, 25 min., 1998
Réalisation et production : Geneviève Notebaert
Distributeur : CECOM (514) 328-3503 et
fax (514) 323-4163

Ce documentaire propose une réflexion en six étapes : Introduction; Une course informatisée; Le quotidien; L'agenda; Le burn-out; L'amour, la mort et la vie sur notre mode de vie, notre quotidien, notre relation au temps. Le temps est une dimension fondamentale de l'existence qui nous confronte à la réalité de la mort et à notre condition humaine.

DÉPENDANCE À POSOLOGIE NORMALE

SUJET : *Les effets de l'alcool et d'autres drogues sur le cerveau et le système nerveux*

V-237, 17 min., 1992

Auteur : Dr Michel Malalret

Producteurs : Mille images et le Centre d'évaluation et d'information sur la pharmaco-dépendance, Grenoble

Distributeur : CECOM (514) 328-3503 et fax (514) 323-4163

Document vidéo construit autour des interventions de différents spécialistes (Centre de recherche sur le sommeil, psychiatres, pharmacologues, chercheurs, praticiens) et des témoignages de patients qui vivent l'anxiété au quotidien.

Des séquences en images de synthèses permettent de faire le point sur l'historique de ces molécules et leurs effets biochimiques sur le cerveau. Tout en apportant des informations très précises sur l'état des connaissances dans ce domaine, le film est une invitation à la réflexion quant à l'usage des hypnotiques et des anxiolytiques.

TU AS CRIÉ « LET ME GO »

SUJET : *Les problèmes des familles dont l'un des membres est aux prises avec un problème d'alcool ou d'autres drogues*

96 min. 30 sec., 1997

Réalisateur : Anne Claire Poirier

Producteurs : Paul Lapointe, Joanne Carrière

Le film d'Anne Claire Poirier se veut une réflexion sur le sens profond des faits et événements entourant la mort violente de sa fille Yanne, jeune toxicomane assassinée il y a deux ans. Ce film nous entraînera dans la rue avec ceux qui interviennent auprès des toxicomanes, prostituées et sidéens pour ultimement interroger nos attitudes collectives face à cette problématique. Un cri du cœur devant une dérive collective.

LE FILM D'ALEX

SUJET : *Le VIH et les drogues*

V-199, 60 min., 1990

Réalisateurs : Christian Avenel, Serge Bencissou et Sylvie Maugis

Producteur : Vidéomobile, France

Collection permanente : Festival International du film VIH-SIDA

Distributeur : CECOM (514) 328-3503 et fax (514) 323-4163

Le Film d'Alex s'inscrit dans une démarche de prévention sur la toxicomanie et le SIDA. Il raconte à travers des lettres de prison et les témoignages de ses amis l'histoire d'un jeune toxicomane mort à vingt-neuf ans du SIDA. C'est un film grave sur la vie et sa diffusion sera le prétexte à la mise en place de lieux de parole pour aborder des questions aussi importantes que la sexualité, la drogue, la délinquance, le SIDA et la mort.

ALCOOLIQUE, QUI ES-TU?

SUJET : *Se rétablir de certaines substances, p. ex., l'alcool, la cocaïne, etc.*

V-198, 8 min., 1990

Auteur : Philippe Barrier

Réalisateur : Philippe Coudrin

Producteur : Association nationale de prévention de l'alcoolisme, France

Distributeur : CECOM (514) 328-3503 et fax (514) 323-4163

Très bref document où un alcoolique nous fait part de ses pensées, de ses besoins, de ses demandes et des différentes étapes par lesquelles il est passé. Il répond à la question : Alcoolique, qui es-tu? Parallèlement à son discours, un tableau prend vie sous les pinceaux du peintre. Il trace des signes sur une toile blanche qui représente tous les possibles. Patiemment, il relie ces signes, suivant son inspiration.

HISTOIRE DE BANLIEUE

SUJET : *Se rétablir de certaines substances*

V-153, 25 min., 1982

Réalisateur : Robert Favreau

Producteur : Educfilm pour la Société Radio-Canada,
avec la participation financière de
l'Institut québécois du cinéma

Distributeur : CECOM (514) 328-3503 et
fax (514) 323-4163

On nous raconte ce qui se passe derrière la porte de ces cages dorées que sont devenues les maisons de banlieue. Micheline et Ginette, réfugiées dans l'alcool et la drogue à cause de l'isolement des banlieues, apprennent à s'assumer et à s'émanciper après une cure de désintoxication.

Voici d'autres vidéos qui pourraient vous être utiles mais qui n'ont pas été visionnés par le Centre.

L'APRÈS COURS

SUJET : *Les effets physiologiques des drogues*

15 min., 1984

Réalisateur : Fernand Bélanger

Producteur : Jacques Vallée, Office national
du film du Canada
2001, boul. René Lévesques ouest,
Montréal (Québec) H2Z 1X4

Mais quel est le véritable problème : la drogue ou la vie? Les adultes ont les pilules, l'alcool, le café, les cigarettes. Les jeunes ont choisi la drogue. Un complément, un prolongement à «L'émotion dissonante».

LE PIÈGE DE LA DROGUE

SUJET : *Les effets physiologiques des drogues*

60 min., 1990

Auteur et réalisateur : Daniel Creusot

Producteur : Daniel Bertolino; Catherine Viau,
Patrick Meney, Productions Via Le Monde,
Téléfilm Canada

Témoignage, message publicitaire : opium, cocaïne, crack, cannabis, marihuana, pot.

LES COMPLICATIONS MÉDICALES

SUJET : *Les effets physiologiques de l'alcool*

10 min., 1992

Auteur et réalisateur : Fondation de la recherche
sur la toxicomanie

Producteur : Medical Audio Visual Communications, Inc.
C.P. 84548, 2336, rue Bloor ouest,
Toronto (Ontario) M6S 1T0

Prix : 75 $

La consommation prolongée de l'alcool peut causer plusieurs problèmes médicaux. Le foie, le cerveau, le cœur, le pancréal et les organes sexuels peuvent être sérieusement détériorés. Dans la majorité des cas, les mauvais effets de l'ivrognerie sont réversibles une fois la consommation de l'alcool arrêtée.

INTERVENTION AUPRÈS DE L'ALCOOLIQUE

SUJET : *Les interventions*

90 min., 1979

Noir et blanc (sur 3 cassettes)

Auteur et réalisateur : Alfred Charland

Producteur : Domrémy-Montréal
15 693, boul. Gouin ouest,
Ste-Geneviève (Québec) H9H 1C3

Constance au-delà des méthodes. Plan de traitement. Efficacité relative des approches.

L'IMPORTANCE DES ALCOOLIQUES ANONYMES ET NARCOTIQUES ANONYMES DANS LE TRAITEMENT DES TOXICOMANIES

SUJET : *Les groupes d'intervention en 12 étapes*
50 min. 1989
Auteur et réalisateur : Jacques Latulipe
Producteur : Domrémy Trois-Rivières,
        La Belle Vision Inc.

Traite des Alcooliques anonymes, des Narcotiques anonymes, du diagnostic des troubles de la personnalité et de toxicomanie.

L'ASSUÉTUDE

SUJET : *Les groupes d'intervention en 12 étapes*
50 min., 1989
Auteur et réalisateur : Louise Nadeau, psychologue
Producteur : Domrémy Trois-Rivières,
        La Belle Vision Inc.

Traite des Alcooliques anonymes, des Narcotiques anonymes, du diagnostic des troubles de la personnalité et de toxicomanie.

LE CENTRE DE RÉADAPTATION ALTERNATIVES

SUJET : *Le rétablissement*
28 min., 1991
Auteur et réalisateur : Gérald Paquette
Producteur : Cégep St-Jérôme

Une vidéo décrivant les services du Centre de réadaptation Alternatives a été produit dans le but de servir le document d'information auprès d'éventuels clients et de professionnels.

... ET UNE PORTE S'OUVRIT

SUJET : *Le rétablissement*
40 min., 1988
Auteur et réalisateur : Fondation de la recherche
        sur la toxicomanie
Producteur : Fondation de la recherche sur la toxicomanie
        33, rue Russell, Toronto (Ontario) M5S 2S1

On y explore la vie de quatre alcooliques qui racontent leurs expériences dans les différents centres de désintoxications en Ontario. Il y est aussi question d'autres services et installations de traitement comme foyers de transitions, les groupes d'entraide et les maisons de soins infirmiers.

DROGUE ET PRISON

SUJET : *Toxicomanie et criminalité*
90 min., 1994
Auteur et réalisateur : Françoise Facy
Producteur : Équipe de recherche sur la présentation
        et le traitement des toxicomanies
        750, boul. Gouin est,
        Montréal (Québec) H2C 1A6

Audio-cassettes

RELAXATION-SANTÉ

Texte :
Je nettoie mon corps intérieurement
de Lise S. Pelletier
Musique : J.P. L'Heureux
30 minutes, 1984, 12,95 $

Partir sur une vague de détente
50 minutes, 1987, 12,95 $

Détente pour gens pressés
3 cassettes de 10 minutes, 1997, 11,95 $

Mes années d'expérience avec des gens ayant des problèmes de comportement alimentaire, d'angoisse, de stress, de phobie, ou même de maladie, m'ont amenée à développer des moyens aussi simples que possible afin de les aider à se libérer de leurs multiples tensions. Un de ces moyens est la RELAXATION qui mène à une détente profonde et permet aux tensions les plus refoulées de se libérer progressivement.

Distributeur : Relaxation Santé enr.
C.P. 14, St-Hippolyte (Québec) J0R 1P0
(450) 565-6353

INTRODUCTION AU RÉTABLISSEMENT

Annexe B :
Évaluation

ANNEXE B :

ÉVALUATION

Il est important d'évaluer comment les clients accueillent les modules. Ce questionnaire d'une page à l'intention des participants vous aidera à déterminer :

1. ce que les participants ont aimé ou n'ont pas aimé des modules
2. ce que les participants ont trouvé utile
3. ce que les participants voudraient changer des modules

Ces commentaires permettront de mieux comprendre ce que les séances de groupe ont apporté aux participants et l'importance qu'il y ont accordée.

Conseils à l'intention des animateurs

• À la fin de chaque séance, remettez à chaque participant un crayon et le questionnaire d'une page qui figure à la page suivante.

• Vous devez préparer les questionnaires, les crayons et les enveloppes avant le début de la séance.

• Pour assurer la confidentialité des évaluations, vous devez demander à un participant de recueillir les questionnaires remplis et de les mettre dans une enveloppe qui sera ensuite scellée et remise à la secrétaire de l'organisme.

• Assurez aux participants que leurs commentaires seront absolument confidentiels et anonymes.

• Expliquez la logique des questions portant sur l'âge et le sexe.

Certains participants voudront remplir le questionnaire à la va-vite — en répondant par un seul mot à chaque question, par exemple :

1. Qu'avez-vous aimé de la séance d'aujourd'hui ?
   Tout
2. Qu'est-ce que vous n'avez pas aimé de la séance d'aujourd'hui ?
   Rien
3. Qu'avez-vous trouvé utile dans la séance d'aujourd'hui ?
   Tout
4. Quels changements aimeriez-vous que l'on apporte à cette séance ? *Aucun*

Pour éviter ce genre de réponses, expliquez aux participants que leurs commentaires vous sont très utiles, qu'ils vous aideront à mieux animer d'autres séances et qu'ils profiteront aussi aux autres personnes qui viennent au centre de gestion du sevrage.

Formulaire d'évaluation des participants

Date :_____   **Sujet du module :** _____

Qu'avez-vous aimé de la séance d'aujourd'hui ?

Qu'est-ce que vous n'avez pas aimé de la séance d'aujourd'hui?

Qu'avez-vous trouvé utile dans la séance d'aujourd'hui?

Quels changements aimeriez-vous que l'on apporte à cette séance?

Quelle information supplémentaire aimeriez-vous que l'on inclue dans la présentation?
De quels autres sujets voudriez-vous discuter pendant la séance de groupe?

Votre sexe   Homme ☐   Femme ☐   Votre âge? _____ ans
(Cette question nous permet de savoir si   *(Cette question nous permet de savoir si cette séance est*
cette séance est utile aux hommes et aux femmes.)   *utile à tous les groupes d'âge.)*

Formulaire d'évaluation de l'animateur

Introduction au rétablissement : *Animation efficace de groupes en début de rétablissement - Guide de l'animateur*

Plus vous prendrez de l'expérience dans l'animation de groupes en début de rétablissement et plus vous entendrez les réactions des participants, plus vous découvrirez d'autres sujets ou d'autres idées qui seraient utiles à d'autres groupes de gestion du sevrage et à d'autres groupes en début de rétablissement. Cette information nous servirait beaucoup et pourrait même donner lieu à l'élaboration de modules supplémentaires à inclure plus tard dans ce guide. Nous vous invitons à vous servir du questionnaire suivant pour nous faire part de vos commentaires.

Prenez quelques instants pour répondre aux questions suivantes et écrire vos commentaires ou vos suggestions additionnels, puis faites-nous parvenir ce formulaire par la poste à l'adresse figurant à la fin du questionnaire.

Qu'avez-vous aimé du guide?

Quelles améliorations apporteriez-vous au guide?

Quels autres sujets aimeriez-vous inclure dans le guide?

Évaluez les énoncés suivants :

	pas du tout d'accord			*entièrement d'accord*

1. Le guide est facile à utiliser.

    1   2   3   4   5

2. L'information est bien organisée.

    1   2   3   4   5

3. Les participants ont bien réagi aux présentations.

    1   2   3   4   5

Quelles autres ressources aimeriez-vous inclure dans le guide?

Veuillez répondre aux questions suivantes :

Avez-vous eu de la difficulté à utiliser ce guide pour les présentations? Si oui, expliquez pourquoi :

Retournez le formulaire dûment rempli au :
Service de marketing et ventes
Fondation de la recherche sur la toxicomanie
Centre de toxicomanie et de santé mentale
33, rue Russell
Toronto (Ontario) M5S 2S1

www.ingramcontent.com/pod-product-compliance
Lightning Source LLC
Chambersburg PA
CBHW080843270326
41928CB00014B/2883